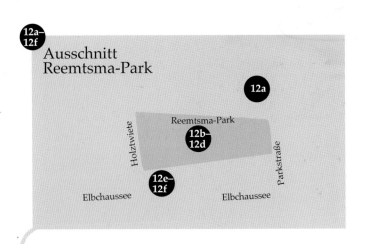

Ausschnitt Reemtsma-Park

12a–12f

12a

Reemtsma-Park

Holztwiete

12b–12d

Parkstraße

12e–12f

Elbchaussee

Elbchaussee

Wellingsbütteler Landstraße

Farmsener Weg

Ohlsdorf

Fahlsbütteler Straße

Steilshooper Allee

Farmsen

Rahlstedter Weg

Bramfelder Chaussee

Tonndorf

Tonndorfer Hauptstr.

bek-Kanal

Friedr.-Ebert-Damm

Dehnhaide

Ölmühlen weg

Jenfelder Allee

Hamburger Str.

14k

Ahrensburger Straße

Wandsbeker Chaussee

Wandsb. Allee

Horn

Autobahn A 24

Hamm

Bergedorfer Straße

Glinder Straße

Amsinckstr.

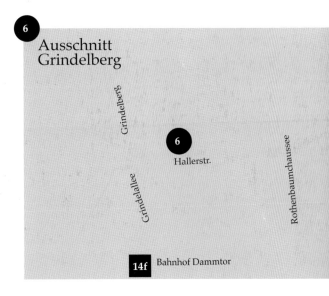

6

Ausschnitt Grindelberg

Grindelberg

6

Hallerstr.

Grindelallee

Rothenbaumchaussee

14f Bahnhof Dammtor

Elbe

Bergedorf

Bille

14g

Hamburger Sehenswürdigkeiten:
Bäume

Selbstverlag Harald Vieth
Hamburg

Für Cosima und Julian
und für alle Menschen,
die Bäume lieben, schätzen –
oder wenigstens als Lebewesen
respektieren

Harald Vieth

Hamburger
Sehenswürdigkeiten:
Bäume

mit je einem Beitrag von
Dr. Gordon Mackenthun
Jürgen Senkpiel

Selbstverlag Harald Vieth
Hamburg

Dieses Buch ist für 19,95 Euro
(ggf. zuzüglich 2 Euro für Porto / Verpackung je Buch) erhältlich bei:
H. Vieth, Hallerstr. 8 II,
20146 Hamburg, Tel.: 040/45 21 09, Fax: 040/45 03 94 76

www.viethverlag.de

© 2011, 1. Auflage
ISBN: 978-3-00-031015-7
Selbstverlag Harald Vieth, Hamburg

Gestaltung, Satz und Kartographie: input-verlag.de, 22587 Hamburg
Papier: chlorfrei gebleicht und säurefrei hergestellt, PEFC-zertifiziert
Druck: Klingenberg & Rompel, Hamburg

Titelfoto: Esche im Herbstlaub, Alstervorland (H. Vieth)
Rückseite: Blühende Blutspflaume, Wandsbek (H. Vieth)

0

Inhaltsverzeichnis

0

Inhaltsverzeichnis

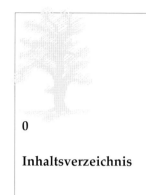

0

Inhaltsverzeichnis

Ein unbequemes Vorwort:
Zeitenwende? Zeitenwende!

Darf man bei den heutigen Mehrfachkrisen ein solch beschauliches, schön bebildertes Buch wie dieses schreiben?

„Wieso Krisen?", werden manche fragen. Doch sie sind da, die Mehrfachkrisen: Finanz-, Wirtschafts-, Rohstoff-, Ernährungs-, Wasser-, Umwelt- und Klimakrise. Auch Durchwursteln und Beschönigungen lassen die Krise nicht verschwinden.

Die Fakten sind auch für Laien eindeutig. Ein „Weiter so!" darf es unter keinen Umständen geben.

Zwei Beispiele:

1. Die unsinnige Wachstumsideologie: Wenn es jährlich 2–3 % exponentielles Wachstum gäbe, wäre damit auch ein immer größer werdender Rohstoffverbrauch, höhere Umweltbelastung durch Boden- und Luftverschmutzung, mehr Müll aller Art, Verkehrsstaus, Stress etc. gegeben. Wie soll die Welt dann in zwanzig oder dreißig Jahren aussehen? Technische Innovationen können die negative Entwicklung zwar abmildern. Die Gesamttendenz aber bleibt.

Ein kontinuierliches exponentielles Wachstum führt wahrscheinlich mittel- oder langfristig zur Selbstzerstörung der Menschheit.

2. Wenn allein China und Indien – ganz abgesehen von den vielen anderen Ländern – einen ähnlichen Lebensstandard wie die westlichen Industriestaaten hätten, würde der ganze Planet schnellstens aus den Fugen geraten.

Gegenwärtig heißt es, dass der Planet Erde insgesamt zu etwa 110 % genutzt – besser gesagt übernutzt – wird. Die westlichen Industriestaaten, also auch wir, frönen einem Lebensstil, als ob wir nicht eine einzige, sondern sechs (!) Erden hätten. Wir leben von der Substanz. Dieser Lebensstil basiert auf Konsumismus, Verschwendung und gnadenloser Ausbeutung der Rohstoffe.

Fazit: Ein radikales Umdenken ist unumgänglich. Diese Neu-Besinnung erfordert mehr Veränderungswillen und Anpassungsfähigkeit als etwa zu Beginn der industriellen Revolution. Denn es geht letztlich um die Überlebensfähigkeit der Menschheit. Heutzutage nichts oder zu wenig zu tun gegen den Klimawandel endet mit großer Wahrscheinlichkeit in einer Katastrophe. Folglich: Vorbeugen tut not – und ist letztlich billiger!

Große Worte! Pathetisch! Panikmache! Spinnerei! – Ich höre in Gedanken schon diese Aufschreie. Also Fakten: Die Endlichkeit der Ressourcen dieser Erde ist am Horizont bereits zu erkennen. Der wichtigste Rohstoff, Erdöl, das Schmieröl der gesamten Weltwirtschaft, hat seinen „Peak" – also die

Höchstförderung – bereits erreicht oder wird ihn in wenigen Jahren erreicht haben. Bei anderen Rohstoffen, Nahrungsmitteln, Wasser zeichnen sich für die kommenden Jahre und Jahrzehnte ebenfalls Knappheiten ab. Eine Milliarde Menschen hungern schon jetzt oder leben ganz dicht am Existenzminimum. Auf der anderen Seite steht grenzenlose Verschwendung: So heißt es, dass z. B. in den USA 40 % der Nahrungsmittel im Müll landen (Klaus-Werner Lobo).

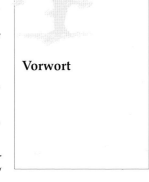

Vorwort

Die wenigen Beispiele zeigen die Problematik der Situation. Hinzu kommt der Klimawandel. Dieser ist leider sehr real und schreitet schneller voran, als noch vor zwanzig Jahren berechnet. Bei den dringenden und ernsthaften Überlegungen, wie ihm zu begegnen sei, sollte man sich nicht von den wenigen „Klima-skeptikern" beirren lassen. Diese „Klimawandel-Verleugner" führen einzelne Falschangaben wie z. B. zur Gletscherschmelze im Himalaja als Beweis für die unseriöse Arbeit des gesamten IPPC (UN-Klimarat) an.

Einige meinen gar, der extrem kalte Winter 2009/10 in Europa und den USA stützten die Argumente der Verleugner. Ganz im Gegenteil: Experten wie Mojib Latif und Hermann Ott weisen auf die globale Situation hin. Den besonders niedrigen Temperaturen in Europa und den USA stehen zur gleichen Zeit besonders hohe in anderen Weltregionen gegenüber. Der Januar 2010 war weltweit der wärmste seit 32 Jahren.

Zu bedenken ist ferner, dass weltweit agierende Öl-, Atom- und Kohlekonzerne mit enormen Geldbeträgen eine verantwortungslose Lobbyarbeit betreiben, den Klimawandel abstreiten oder beschönigen, um ihre einträglichen Geschäfte weiter betreiben zu können. Dazu gehört auch, dass viel Geld für sogenannte wissenschaftliche Gutachten an bestimmte Klimaforscher fließt, die im Sinne dieser Konzerne arbeiten.

Es ist keine Übertreibung: Die Menschheit sitzt auf der Titanic mit Kurs auf den Eisberg. Allzu viel Zeit zur radikalen Kursänderung bleibt nicht. Anstatt diese schnellstens in die Wege zu leiten, werden an Bord vergleichsweise Nichtigkeiten und kleine Veränderungen an Symptomen durchgeführt: Hier und dort wird etwas ausgebessert und lackiert, einige Rettungsboote instand gesetzt. Aber sonst heißt es: Volldampf voraus!

Da mag das eine oder andere Besatzungsmitglied schwere Bedenken äußern und bei dem einen oder anderen kleinen Computer das rote Lämpchen „Achtung, Gefahr!" aufleuchten – der verhängnisvolle Kurs bleibt im Wesentlichen unverändert.

Aber kehren wir zunächst vor der eigenen Haustür: Zusätzlich müssen wir hier von einer sozialen Krise sprechen. Durch die neoliberale Devise „Der Markt wird es richten" ist die Gesellschaft in eine ungerechte soziale Schieflage geraten: Die Reichen werden steuerlich gehätschelt und werden immer reicher, die Umverteilung von unten nach oben schreitet voran, die Kinderarmut nimmt zu, für Millionen arbeitswillige Menschen gibt es keine Arbeitsplätze, unsinnige Privatisierungen führen zur Verarmung der öffentlichen Hand, im Bildungsbereich fehlen wesentliche Fortschritte, und der Staat macht immer größere Schulden.

Über Klima-, Umwelt-, Naturschutz wird viel geredet, aber viel zu wenig getan, denn Kohlekraftwerke werden weiter gebaut, Atommeiler länger betrieben, spritfressende Autos erlaubt. So verwundert es nicht, dass Deutschland keineswegs „Vorreiter" im Klimaschutz ist: Im Klimaschutzindex rutschte es auf Rang sieben (Germanwatch); weltweit ist es der sechstgrößte Klimakiller (K. Naidoo/Greenpeace).

Zu Zeiten der Großen Koalition wären theoretisch Gesetze für eine nachhaltige Entwicklung möglich gewesen. Die Chance wurde vertan. Stattdessen wurden kontraproduktive Dinge beschlossen wie die Abwrackprämie. Gegenwärtig wird es nur noch schlimmer: „Wachstumsbeschleunigungsgesetz", Steuergeschenke für Hoteliers etc.

Anstelle von Innovation und Nachhaltigkeit haben wir Ideenlosigkeit und soziale Kälte. All das läuft in eine völlig falsche Richtung.

Verstehen Sie mich recht: Selbstverständlich maße ich mir nicht an, irgendwelche Patentrezepte vorzulegen. Da die erforderliche Umstrukturierung so tiefgreifend sein muss, kann man sie nicht kurzfristig durchführen. Man muss sie jedoch jetzt erst einmal *denken* und dann schnell mit den ersten Schritten beginnen.

Nach meiner Überzeugung muss das „Neue Denken" in folgende Richtung gehen:

- In einer gerechten Gesellschaft lebt man länger, besser, glücklicher, und zwar auch die Reichen! (Kate Pickett) Mehr Gerechtigkeit kann leicht erreicht werden durch höhere Steuern für die Vermögenden. Inzwischen haben die deutschen reichsten 10 % der Bevölkerung das gigantische Vermögen von zirka vier Billionen Euro angesammelt (Deutsches Institut für Wirtschaftsforschung).
- Einsichtige Millionäre mit Gerechtigkeitssinn wie Peter Krämer und die Gruppe von über vierzig Vermögenden der „Initiative Vermögensabgabe" haben vorgerechnet, wie der Staat deutlich über 100 Milliarden Euro sofort und dann jährlich bedeutende Milliardenbeträge einnehmen kann – *ohne*

dass die Vermögenden auf ein luxuriöses Leben verzichten müssten. Solche Beträge müssten dringend in die Bildung, Forschung und zukunftsträchtige Innovationen investiert werden.

- Es muss Schluss sein mit der ständigen Politfaselei von der „Vollbeschäftigung". Diese ist bei der gegenwärtigen Organisation unserer Gesellschaft völlig ausgeschlossen. Vorangetrieben werden müssen Mindestlohn, kürzere bzw. eine andere Aufteilung der Arbeitszeiten, Ausbau der Humandienstleistungen und ein Grundeinkommen anstelle des Murkses um Hartz XY.

- Die Finanzwirtschaft muss streng kontrolliert werden. Es ist unverantwortlich, dass z. B. Spekulanten gegen Staaten wie Großbritannien und Griechenland oder gegen die Währung Euro spekulieren und Hedgefonds riesige Landgebiete in Afrika von egoistischen Potentaten aufkaufen.

- Umgehend Einhalt geboten werden muss auch dem Raubbau an der Natur, der Vernichtung von Biotopen, dem Flächenfraß durch immer mehr Bauaktivitäten sowie der Versiegelung des Bodens.

- Um mehr Klimagerechtigkeit und die wichtigen Klimaziele zu erreichen, ist eine schnelle Neuorganisation der Energiewirtschaft einzuleiten. Dringende Maßnahmen hierfür sind:

- Ganz schneller Ausstieg aus der Atomwirtschaft: Bei längeren Laufzeiten wird der Normalbetrieb immer gefährlicher durch Versprödung des Materials. Weiterhin ungeklärt ist eine sichere Endlagerung. Atomenergie ist auch keinesfalls klimafreundlich, wenn man die Gesamterzeugung beginnend mit der Förderung des Urans berücksichtigt. Außerdem ist sie nicht flexibel und behindert massiv die Entwicklung von Alternativenergien. Kurz gesagt: Es ist eine gefährliche *Krückentechnologie*.

- Kein Bau von neuen Kohlekraftwerken – schon gar nicht auf Braunkohlenbasis, denn sie sind Umweltkiller. Die von einigen Energieversorgern angepriesene unterirdische CO_2(CCS)-Speicherung ist ein Irrweg. Sie ist noch lange nicht ausgereift, sehr energieintensiv, erfordert teure Überland-Rohrleitungen. Vor allem: Niemand weiß, ob das CO_2 lange in der Erde gespeichert werden kann, oder ob es in die Umwelt entweichen wird. Welch eine Verantwortungslosigkeit gegenüber kommenden Generationen: Sie erben unsichere Atomendlager und dann noch CO_2-Speicher – vom Euro-Schuldenberg ganz abgesehen!

- Massive Förderung von Energieeffizienz: Gebäudedämmung, Austausch alter Elektrogeräte und Heizungen.
- Konsequenter und umfangreicher Ausbau der Alternativenergie. Besonders die Sonnenenergie scheint vielversprechend mit sehr großem Potenzial zu sein.
- Kategorisch abzulehnen sind angebliche „Alternativenergien" aus Palmöl, Yatropha, Mais etc. Sie haben eine verheerende Klimabilanz und sind absolut kontraproduktiv. Sie zerstören Urwälder bzw. fruchtbaren Boden, der für die Nahrungsmittelerzeugung nicht mehr zur Verfügung steht, und vernichten die Existenz von zahllosen Urwaldbewohnern und Kleinbauern.
- Nachdem die entwickelten Industriestaaten – also auch wir – in den letzten Jahrzehnten kräftig Raubbau an der Natur getrieben, die Meere überfischt und zusammen mit der Luft weltweit verdreckt haben, müssen wir nun einen anderen Lebensstil entwickeln und gegenüber ärmeren Ländern Vorleistungen erbringen: Durch deutliche Reduzierung unseres Schadstoffausstoßes (nicht nur auf dem Papier und in hehren Erklärungen!) und durch kostenlose oder mindestens sehr preiswerte Lieferung von Umwelttechnologien.
- Damit sollten wir beginnen in und mit der EU und nicht nach dem bisherigen Prinzip handeln: „Hannemann, geh Du voran!"
- Schon gar nicht können wir von Ländern wie China und Indien verlangen, dass *sie* Vorleistungen erbringen müssen. Ihnen obliegt die gigantische Aufgabe, für über zwei Milliarden Menschen ein halbwegs menschenwürdiges Existenzminimum zu schaffen.
- Erst wenn die genannten Länder und viele andere in ähnlicher Lage sehen, dass wir rigorose Klimaschutzmaßnahmen ergreifen, besteht Aussicht, dass auch sie zur Zusammenarbeit bereit sind.
- Der nächste Schritt muss sein, eine neue Weltordnung oder -Organisation, einen völkerrechtlich verbindlichen Vertrag über eine internationale Klima-Politik zu schaffen. Trotz gewisser Fehlschläge bei der UNO wird es wohl nur in ihrem Rahmen möglich sein.
- Die Politik muss endlich klare und wirklich nachhaltige gesetzliche Rahmenbedingungen vorgeben. Leider gibt es auch bei uns nur eine ganz geringe Zahl von Politikern/Politikerinnen (gefühlte 5 % – höchstens), die z.B. über den Klimawandel Klartext reden. Die große Mehrzahl predigt unkritisch und unzeitgemäß „Wachstum und weiter so!".

Da fühlt man sich an die Zeilen von Christian Morgenstern erinnert:

> „Lügen, Lügen! gebt uns Lügen!
> Ach die Wahrheit ist so roh!
> Wahrheit macht uns kein Vergnügen,
> Lügen machen fett und froh!"

- Da die gegenwärtige Politikergeneration in Denkkategorien des vergangenen Jahrhunderts gefangen ist und/oder aus den unterschiedlichsten Gründen die Wahrheit nicht öffentlich verkünden mag, liegt es an der „Basis", an den Wählern/Wählerinnen, „von unten" aktiv zu werden, sich zu vernetzen und neue Politiker/-innen zu wählen. Diese müssen die schmerzliche Wahrheit sagen, dass „wir uns auf der Titanic befinden" und daher ein radikales Umdenken mit entsprechenden Maßnahmen unumgänglich ist. Gelingt das nicht, dann drohen irgendwann Ökodiktatur und bei fortschreitendem Klimawandel Millionen von Klimaflüchtlingen.

- Auch der Einzelne muss umdenken. Da das Wort „Verzicht" nicht wohlgelitten ist, ersetzen wir es durch „Ein- und Beschränkungen". Es ist sehr gut möglich, dass es in der Post-Wachstums-Gesellschaft zu einer „neuen Bescheidenheit kommen wird mit z.B. Verzicht auf Fernreisen, Kauf von Produkten aus der Region, mehr Pflege und Reparaturen sowie längerer Nutzung von Erzeugnissen" (Volkswirt N. Paech).

- Über persönliche Einsparmöglichkeiten und Beiträge zum Klima- und Umweltschutz finden sich zahlreiche Tipps im Internet oder in meinem Buch „Klimawandel mal anders. Was tun?". Auch der Autor ist keineswegs ein „Klimamönch", aber wir alle können schon mit einigen einfachen Schrittchen beginnen: Weniger im Auto und Flugzeug unterwegs sein, weniger/kein Fleisch essen, anstatt google www.ecosia.org benutzen, grundsätzlich keine Plastiktüten annehmen …

- Zufriedenheit und Glück sind nicht in erster Linie an immer mehr und neue materielle Dinge gebunden. Wenn ein bestimmtes Grundeinkommen erreicht ist, steigt der durchschnittliche Glückspegel nicht mehr an. Millionäre sind durchaus nicht glücklicher als Arme. In vielen armen Ländern begegnet uns mehr Lebensfreude und Lebensglück als etwa in dem reicheren Deutschland, das lt. World Values Survey nur auf Platz 30 der Glücklichkeitsskala steht. Eine andere Gesellschaftsorganisation mit weniger materiellen Gütern hat auch viel Positives zu bieten wie z.B. ein

„Weniger" an Arbeitsstress, Hektik, Mobbing, Verkehrsstaus, Dreck, Entfremdung von anderen Menschen …

Wenn Sie an diesen existentiellen Fragen interessiert sind, kann ich Ihnen dringend das Buch mit dem passenden Titel „Das Ende der Welt, wie wir sie kannten" (Cl. Leggewie, H. Welzer) und die „Sonnenseite" von Franz und Bigi Alt empfehlen. Auf dieser Seite erscheinen jede Woche die neuesten Forschungsergebnisse und Buchtitel zu den Themen Alternativenergie, Umwelt- und Klimaschutz etc. Sie können die Sonnenseite kostenlos bestellen: www.sonnenseite.com, rechts unten „Newsletter".

Auf die eingangs gestellte Frage antworte ich: Aber ja, man darf und sollte dieses Buch schreiben, und zwar nicht nur wegen der Wichtigkeit von Bäumen insbesondere in Zeiten des Klimawandels. Wir können angesichts der geschilderten Dramatik nicht mit hängenden Schultern und Leichenbittermiene herumschleichen. Lebensfreude ist wichtig! Außerdem gibt sie uns Kraft für weitere Aktivitäten.

Herbst 2010,

Harald Vieth

Allgemeine Vorbemerkungen

Was ist ein Baum wert?

Generell wird man zunächst an den Holzwert eines Baumes denken. So kann z.B. ein einziger Urwaldriese aus dem Tropenwald ein kleines Vermögen bedeuten.

Dann kommt einem vielleicht der Ertrag an Früchten in den Sinn. Dazu nur zwei Zahlen: Im Jahr 2005 produzierten Bäume weltweit allein 55 Millionen Tonnen Äpfel im Wert von etwa zehn Milliarden US-Dollar! Oder: Von einem großen Walnussbaum in unseren Breitengraden können in einem guten Jahr zirka 8.000 Nüsse geerntet werden.

Die vielfältigen Leistungen von Bäumen können nicht überbewertet werden:

Sie sind nicht nur Luftreiniger (Filterung von Staub und Schadstoffen aus der Luft) und bieten Lebensräume (auf/von einer großen Eiche leben mehrere Tausend Tierarten wie Insekten, Vögel, Säugetiere).

Der volkswirtschaftliche Wert eines hundertjährigen Baumes kann bis zu 250.000 Euro betragen. Hierin enthalten ist der gesamte ökologische Wert wie Erhaltung der Bodenfruchtbarkeit, Stabilisierung des Wasserhaushalts, Schutzfunktion gegen Staub, Schadstoffe, Wind, Lärm, Erosion und natürlich die in Zeiten des Klimawandels immer wichtiger werdende Aufnahme von Kohlendioxid und Produktion von Sauerstoff.

Hinzu kommen viele andere positive psychologische „Wohlfühl-Wirkungen": Bäume vermitteln Freude, sind eine Quelle von Schönheit, eine immer wechselnde Augenweide in den verschiedenen Jahreszeiten. All diese Effekte lassen sich nicht in Heller und Pfennig berechnen.

Nicht zufällig hatte das vielleicht etwas sentimentale Lied von Alexandra „Mein Freund, der Baum" zahlreiche Menschen tief berührt! In ihm geht es nicht um materielle Werte, sondern um den Baum-Freund als Lebensbegleiter, der Freude und Trost schenkte.

Es ist einleuchtend, dass ein „Ausgleich" für einen gefällten Baum kaum zu berechnen ist. Es heißt, dass für eine gefällte hundertjährige Buche etwa eintausend kleine Bäumchen gepflanzt werden müssten, um die Funktion dieser Buche zu ersetzen. Wo ist das jemals geschehen?

Fest steht, dass die derzeitige Praxis „ein gefällter großer Baum = eine Neupflanzung" in keiner Weise einen Ausgleich darstellt. Zum einen sind die neu gepflanzten Bäume viel kleiner als die gefällten und leisten dementsprechend weniger. Zum anderen erreichen zahlreiche neu gepflanzte kein hohes Alter: Unsachgemäße Pflanzungen, Verdursten, mechanische Beschädigungen, Befall von Schädlingen, Bebauungen sind häufige Ursachen für ein frühes Absterben.

Ferner sind die erheblichen Belastungen durch Schadstoffe in der Luft und im Boden zu berücksichtigen. Nach Meinung vieler Fachleute ist es unwahrscheinlich, dass ein heute bei uns gepflanzter Baum einhundert Jahre alt wird. Trifft das zu – und niemand weiß es genau – dann ist jeder alte Baum eine Kostbarkeit, die möglichst zu erhalten ist.

Baumfällungen in Hamburg? Viel zu viele!

Allein im Jahr 2008 wurden in Hamburg weit mehr als 20.000 (!) Bäume gefällt. Sie wurden überhaupt nicht oder nur zum Teil ersetzt.

Durch die Zerschlagung der Umweltbehörde und durch Stellenstreichungen gibt es nun zu wenig Personal, das Fällanträge prüft und die ohnehin reduzierten „Ausgleichspflanzungen" kontrolliert.

Im Jahr 2010 geht der Rodungswahn weiter. Für die Internationale Gartenschau (IGS) im Jahr 2013 werden etwa 3.300 Bäume umgelegt. Nicht enthalten in dieser Zahl sind Bäume mit einem Durchmesser unter 25 cm, ganze gewachsene Biotope mit Büschen, Sträuchern, Hecken und Gräben.

Damit werden Lebensräume für Vögel, Amphibien, Insekten vernichtet oder sehr stark beeinträchtigt. Und das 2010 – im „Jahr der Internationalen Biodiversität"! Die Grünvernichtung im großen Umfang geschieht mit Billigung der Hamburger Bürgerschaft, die Schlagwörter wie „Hamburg als Umwelthauptstadt" und „Grüne Metropole" propagiert.

Hinzu kommen Baumfrevel „en masse": Mehr als 300 Bäume, deren Fällung für die Vattenfall-Trasse vorgesehen war, und über 160 große Buchen, die für ein Wohnvorhaben am Osdorfer Buchenhof dran glauben mussten. Die Baum-Vernichtung im Buchenhof-Wäldchen wurde auf äußerst umstrittener rechtlicher Grundlage und gegen den erklärten Willen von über 44.000 Altonaer Bürgerinnen und Bürgern durchgeführt.

Das nächste skandalöse „Großprojekt": Die Peter-Timm-Straße in Schnelsen. Hier geht es um ein kleines Wäldchen und insgesamt um fast 400 gesunde Bäume, die gefällt wurden. Und schon ist der Lokstedter Willinks-Park mit seinem gestandenen Wäldchen im Visier von Investoren und Behörden …

In etlichen anderen Stadtteilen sind zahlreiche Bäume zusätzliche Todeskandidaten. Behörden nehmen sich bei Fällungen eine große, fast unkontrol-

lierte Handlungsfreiheit heraus. Die Gefährdung durch Bäume wird maßlos übertrieben.

Viele Menschen fragen sich: Wann hört diese Baum-Vernichtungspolitik endlich auf?

Erfreulicherweise haben sich etliche Bürgerinitiativen gegründet, durch deren löbliche Aktivitäten wenigstens ein kleinerer Teil von Baumfällungen verhindert werden konnte. Als einige Beispiele seien genannt die Initiativen vom Buchenhof, Emil-Andresen-Straße, Isebek, Gählers Park, AKU (Arbeitskreis Umstrukturierung Wilhelmsburg), Peter-Timm-Straße. Positive Erwähnung in dieser Hinsicht verdienen ebenfalls die Baumschutzgruppe beim NABU (www.NABU-Hamburg.de/baumschutz), der BUND Hamburg und der Botanische Verein zu Hamburg. Auf den entsprechenden Webseiten finden Sie zahlreiche Informationen zu Ansprechpartnern in der Behörde und Gesetzen zum Baumschutz.

Trotz klirrender Kälte engagierten sich zahlreiche Anwohner für den Erhalt der Bäume im Gählers Park (Geplante Vattenfall-Trasse). Aktiv unterstützt wurden sie u. a. von Robin Wood (Januar 2010)

Einleitung

Nach diesem heftigen Vorwort, das manche sicherlich nur ungern gelesen haben oder schnell verdrängen möchten, und nach den eher unangenehmen Vorbemerkungen kommen wir nun zu erfreulicheren Inhalten.

Zunächst stelle ich Ihnen als „Appetitanreger" einige besonders schöne oder interessante Bäume aus anderen Breitengraden vor.

Zur Erklärung und Lese-Erleichterung bitte ich Sie, Folgendes zu beachten:

Ich habe die lateinischen Namen nur dann angegeben, wenn der Baum mehrere oder irreführende deutsche Bezeichnungen trägt.

Da einige Baumarten in verschiedenen Kapiteln vorkommen, wird nicht jedes Mal detailliert über die schon vorgestellte Baumart berichtet. Bitte schauen Sie im Register am Ende des Buches nach. Dort ist angegeben, auf welchen Seiten eine bestimmte Baumart erwähnt wird.

Das vorliegende Buch ist kein „Wiederaufguss" meiner ersten beiden Bände „Hamburger Bäume", sondern beschreibt viele bisher noch nicht präsentierte, interessante Baumarten.

Wenn es sich um Ergänzungen zu den Rundgängen der beiden Bände handelt, gibt es Verweise wie (s. Bd. I, S. XY) oder (s. Bd. II, S. XY).

Damit sind jeweils gemeint:

Bd. I: „Hamburger Bäume. Zeitzeugen der Stadtgeschichte", 1995

Bd. II: „Hamburger Bäume 2000. Geschichten von Bäumen und der Hansestadt", 2000.

Beide Bände sind leider vergriffen.

Nun hoffe ich, dass Sie nach Lektüre des vorliegenden Bandes frei nach Loriot sagen werden

„Ein Leben ohne BÄUME ist möglich,
es ist jedoch völlig sinnlos!"

Ich wünsche Ihnen eine anregende Lese-Unterhaltung.

Harald Vieth,

Herbst 2010

Als „Appetitanreger":
Bäume aus anderen Breitengraden

Der prachtvolle Flammenbaum (Flame Tree, Flamboyant, Delonix regia) ist in vielen tropischen und subtropischen Ländern anzutreffen. Hier: Kalkutta/Indien (April 2004)

In zahlreichen Ländern Afrikas wächst der gewaltige Baobab (Affenbrotbaum, Adansonia digitata). Hier: Angola (November 2007)

*Oben: Die eindrucksvolle
Blüte des Baobabs.
Hinten links: Die Frucht*

*Blüte und Früchte des
Kanonenkugelbaums (Couroupita
guianensis AUBL.). Die Blüten
und somit die Früchte entstehen
direkt am Stamm und an den
Ästen (Kauliflorie).
Hier: Trinidad (März 2009)*

Oben:
Die wunderschöne Blüte des
Kanonenkugelbaums

Links:
Blatt, Blüte und Frucht des
Cashew-Baums (caju, Ana-
cardium occidentale). An der
birnenförmigen Frucht hängt
unten die eigentliche Nuss.
Hier: Nicaragua (März 2009)

Oben:
Früchte des Kalebassen-
baums (Crescentia alata).
Auch bei ihm hängen die
Früchte direkt am Stamm
und an den Ästen.
Hier: Nicaragua (März
2009)

Aber auch in den südeuropäischen Ländern wachsen höchstinteressante Bäume wie z.B.:

Früchte und herbstliche
Blätter des Khakibaums
(Diospyros kaki Thunb.).
Wörtliche Übersetzung
des lateinischen Namens:
„Göttliche Birne".
Die essbare Frucht wird
auch als Sharon oder
Persimone bezeichnet.
Hier: Portugal
(September 2009)

Stamm einer geschälten Kork-Eiche (Quercus suber). Die immergrünen Kork-Eichen werden alle neun Jahre geschält. Ihre Borke ergibt den Kork.
Hier: Portugal (September 2009)

Die jahrhundertealten Olivenbäume bilden häufig sehr skurrile Formen aus.
Hier: Pollença/ Mallorca (September 2008)

25

*Oben: Ein uriger betagter Tamarisken-
baum. Hier: Porto de Pollença/Mallorca
(September 2008)*

*Blick in den blühenden Florettseiden-
baum = Chorisie (Chorisia speciosa).
Hier: Palma de Mallorca, Nähe Kathe-
drale (September 2008)*

*Der Stamm des Florettseidenbaums ist
mit zahlreichen Stacheln bewehrt*

Die wunderhübschen Blüten des
Florettseidenbaums werden bis zu
15 cm lang

Aber warum in die Ferne schweifen? Auch Hamburg bietet zahlreiche hübsche, bemerkenswerte und zum Teil exotische, seltene Bäume. Überzeugen Sie sich selbst!

1   Der Amsinck-Park in Lokstedt

Dieser nicht sehr bekannte Park ist gartenhistorisch interessant. Benannt wurde er nach dem vielseitigen Unternehmer Wilhelm Amsinck (1821–1909). Nachdem er ein größeres Anwesen in Lokstedt/Stellingen erworben hatte, beauftragte er den berühmten Architekten Martin Haller mit dem Bau einer geräumigen Villa auf dem Liethberg, der höchsten Erhebung dieser Gegend.

1

Der Amsinck-Park in Lokstedt

Blut-Buche

Alte Eichen

Der Landschaftsgärtner F. J. Christian Jürgens wurde mit der Gestaltung der Parkanlage betraut. Das Wohngebäude, ein mehrgliedriger weißer Putzbau mit neoklassizistischen Elementen, wurde um 1870 errichtet (s. Literaturverzeichnis, „Der Amsinck-Park in Lokstedt").

Wahrscheinlich hat die neben der Villa stehende prachtvolle **Blut-Buche** (Umfang 4,45 m), der wohl eindrucksvollste Baum in diesem Park, ein ähnliches Alter wie das Gebäude.

1a   Im heutigen Amsinck-Park: Mächtige Blut-Buche und alte Eichen

Wir betreten den Park, der heutzutage erheblich kleiner ist als zu Amsincks Zeiten, an der Ecke Gazellenkamp/Deelwisch. Rechts des Einganges, im Vorgarten der Häuser Gazellenkamp, wächst ein großer **Silber-Ahorn.** Der Weg in den Park wird rechter Hand von fünf ansehnlichen **Hain-Buchen** gesäumt. Der nächste bemerkenswerte Baum steht bereits weniger als einhundert Meter weiter links hinter dem Zaun des Gartens

Unerwartet:
Zwischen all den Laubbäumen stoßen wir plötzlich auf eine mächtige Kiefer (Umfang 3,11 m, Juni 2009)

29

Nr. 262: eine stattliche **Stiel-Eiche** mit einem Umfang von 3,70 m. Überhaupt treffen Sie hier auf zahlreiche kräftige **Stiel-Eichen,** welche die Straßen Deelwisch und Hinter der Lieth flankieren.

Wir folgen dem Weg, der weiterhin parallel zum Deelwisch verläuft, gehen an einer **Stiel-Eiche** und drei schönen großen **Rot-Buchen** vorbei, die rechts am Weg stehen, bis wir zu einem auffälligen Baum-Kreis gelangen. Dieser Kreis wird von zwei **Rot-Buchen,** zwei **Ross-Kastanien,** einer **Stiel-** sowie einer **Rot-Eiche** gebildet. Ein sehr ansprechendes Ensemble! Wir gehen weiter bis zum Ende, wo der Weg nach rechts abbiegt. Links neben dem Weg wächst ein kleiner **Ginkgo** und bald darauf folgt – etwas unerwartet zwischen den Laubbäumen – eine kräftige **Schwarz-Kiefer** (Pínus nígra), die es auf den bemerkenswerten Umfang von 3,10 m bringt. Wenn Sie dem Weg nun „bergauf" folgen, kommen Sie an der Amsinck-Villa vorbei und werden rechts vor ihr die bereits erwähnte hübsche **Blut-Buche** erblicken.

1b Bäume auf dem Gelände der Schule „Hinter der Lieth": „Schulhof-Blut-Buche" und Spitz-Ahorn-Ensemble

Der Weg hinter der Villa links führt Sie hinunter zu der Straße Hinter der Lieth, wo sich das Schulgelände der gleichnamigen Schule erstreckt. Es gehörte einst zum Amsinck-Park. Einige alte Bäume wie verschiedene Buchen und Schwarz-Kiefern zeugen noch von den alten Zeiten.

Von der Eingangspforte (Nr. 61) haben Sie einen guten Blick auf die den Schulhof dominierende **Blut-Buche** mit der hübschen breiten Krone. Ihr Umfang: 3,72 m.

Dicht hinter ihr stehen auf dem Spielplatzgelände zwei hochgewachsene **Silber-Ahorne.** Hinter dem Gebäude rechter Hand wächst eine eindrucksvolle **Trauer-Buche.**

Am spektakulärsten ist gewiss ein riesiger **Spitz-Ahorn,** der die Mitte der hinter dem Hauptgebäude liegenden Wiese beherrscht. Bei näherem Hinsehen entpuppt sich dieser Baum als ein neunstämmiges, sehr sehenswertes **Spitz-Ahorn-Ensemble.** Die einzelnen Stämme stehen so dicht nebeneinander, dass man nicht klar erkennen kann, ob es sich um einen einzigen Baum

1b

Der Amsinck-Park in Lokstedt

Neunstämmiger Spitz-Ahorn

Ein einziger Spitz-Ahorn oder neun Einzelstämme? (August 2009)

Linke Seite:
Das Spitz-Ahorn-Ensemble hinter dem Schulgebäude
(August 2009)

*Der mächtige Silber-Ahorn
mit einem Stammumfang
von 6,10 m (August 2009)*

oder aber um neun verschiedene, dicht nebeneinander gepflanzte Exemplare handelt.

Wenn Sie die Straße Hinter der Lieth ein kleines Stück weiter gehen und vom nächsten Eingang aus geradewegs auf die Gebäude schauen, werden Sie in der Ecke zwischen den Häusern einen mächtigen **Silber-Ahorn** erkennen. Er weist in einer Höhe von 1,30 m den für einen Ahorn außergewöhnlichen Umfang von 6,10 m auf. In 90 cm Höhe teilt er sich in sechs Hauptstämme.

Hiermit ist der Rundgang durch und entlang des heutigen Amsinck-Parks beendet. Für Garten- und insbesondere Rhododendron-Freunde sei auf den benachbarten, zwar etwas versteckten, aber sehr sehenswerten „Lüttge-Garten" hingewiesen. Er befindet sich gegenüber der Schule zwischen den Straßen Liethwisch und Schwübb. 1958 wurde er als Rhododendron-Zuchtgarten von dem Gartenarchitekten Gustav Lüttge angelegt. Heute können dort über einhundert verschiedene Rhododendron-Arten bewundert werden. Jedes Frühjahr zur Zeit ihrer Blüte ist der Garten für die Öffentlichkeit geöffnet. Im Laufe des Jahres finden dort gelegentlich Veranstaltungen statt, die ebenfalls der Öffentlichkeit zugänglich sind. Einzelheiten bei: www.luettge-garten-hh.de

Sie können jetzt die Rückfahrt bequem von der U-Bahn-Station Hagendeel antreten.

2   Der Wohlers Park ... und seine Umgebung

Bus 2, 3 und Metrobus 15 bis Sternbrücke

Am besten gehen Sie durch die Wohlersallee am Rande des rechts von Ihnen liegenden Wohlers Parks. Am Ende biegen Sie rechts in die Norderreihe ein und betreten den Park durch den ersten Eingang.

2a   Im Wohlers Park: Historische Lindenallee, skurrile Buchen-Gestalten

Der heutige Wohlers Park befindet sich auf dem Gelände eines ehemaligen Friedhofs. Daher treffen Sie an mehreren Stellen auf Grabsteine und Grabmale bekannter Persönlichkeiten wie z.B. des Grafen von Blücher. Die historische Struktur des einstigen Friedhofs von 1830/31 ist erhalten geblieben. Heute noch prägend ist die kreuzartige Anordnung der **Lindenalleen.**

Aralie (Angelicabaum, September 2009)

Lassen Sie sich von den Überbleibseln des Friedhofs nicht abschrecken. Die meisten Menschen bezeichnen diesen Park nämlich heutzutage außer als historisch auch als Oase der Erholung bzw. als romantisches und ruhiges Plätzchen. Seit 2001 finden in ihm regelmäßig Freilicht-Theateraufführungen der „Elfen" statt.

Nachdem Sie den Park betreten haben, werden Sie etwa 40 Meter vom Eingang entfernt halbrechts auf dem Rasen eine zweistämmige freistehende **Aralie** (Arália eláta (MIQ.) SEEM.) erblicken. Ein anderer Name ist Japanischer **Angelicabaum.** Es handelt sich um einen Großstrauch mit imposanten Blüten und Beeren (s. Planten un Blomen).

Rechter Hand fünfzehn Meter von der Aralie entfernt fällt ein höchst eigentümlich verwachsener Baum auf. Dort steht nämlich direkt am Weg eine skurrile **Rot-Buche**, die einen Blut-Buchen-Ast besitzt. Einige Dutzend Meter weiter wachsen rechts dieses Weges ein mittelgroßer **Tulpenbaum** und ein kleiner **Trompetenbaum.**

Jetzt könnten Sie den Weg zurückgehen in Richtung Spielplatz. Am Wegesrand rechts fallen wiederum zwei **Hain-Buchen** mit skurrilem Wuchs auf.

2a

Der Wohlers Park

Skurrile Buchen, Angelicabaum

Wenn Sie den Spielplatz passiert haben und den nächsten Weg in die **Lindenallee** nach rechts einschlagen, werden Sie eine weitere **Hain-Buche** mit interessantem Wuchs am ersten Weg nach rechts finden. Bei dieser Hain-Buche bilden die beiden untersten Äste fast eine Sitzbank.

Eine Hain-Buche als Skulptur. Sitzbank? (Februar 2009)

Fünfzig Meter dahinter wird Ihnen eine hübsche **Trauer-Buche (Hänge-Buche)** auffallen. Dieser Baum ist nicht uralt, aber er besticht durch seine zahlreichen Äste und das schöne filigrane Wurzelwerk.

Wir gehen nun auf den eben verlassenen Hauptweg der Lindenallee zurück und folgen ihm Richtung Johanniskirche. Sehr schnell werden wir mit der Geschichte Altonas konfrontiert, denn links hinter der ersten Ligusterhecke erspähen wir einen Grabstein mit der Aufschrift:

*Linke Seite oben: Skurrile Rot-Buche. Was sehen **Sie**? Einen Rüssel? Die Schnauze eines Fabeltieres? (Februar 2009)*

Militair-Gravsted
for
den tidligere Danske
Garnison i Altona

Das dänische „Gravsted" heißt natürlich Grabstätte. „Tidligere" bedeutet frühere. Wir werden somit daran erinnert, dass Altona von 1640 bis zum Deutsch-Dänischen Krieg 1866 Teil des Königreichs Dänemark war. Nach Kopenhagen war Altona übrigens die zweitgrößte Stadt im dänischen Königreich!

Bleiben Sie auf diesem Weg. Nach knapp einhundert Metern sehen Sie rechts eine runde Pergola. Sie gehen durch diese hindurch und stoßen links des Weges auf einen großen Grabstein:

1848–1849
Ruhestätte
für den Veteran
J.P. Eggerstedt und Familie

Eng an diesen Grabstein schmiegt sich eine **Vierlings-Rot-Eiche.** Einer der Stämme wuchert etwas über den Grabstein hinweg. Ja, es sieht beinahe so aus, als ob der Baum ein „Pfötchen auf den Stein" gelegt hätte.

Sie könnten jetzt im Park noch eigene Recherchen anstellen. Dann schlage ich Ihnen einen Rundgang im Park bis zum Ausgang Norderreihe vor.

2b   Die Umgebung des Wohlers Parks: Tapfere Blut-Buche und stattliche Flatter-Ulme

Ich empfehle Ihnen einen zusätzlichen kleinen Spaziergang zu mehreren interessanten Bäumen in der Umgebung. Sie wenden sich vom Ausgang Norderreihe nach links und biegen wiederum links in die Wohlersallee ein.

Rechts biegt der Dohrnweg von der Wohlersallee ab. Vor dem Haus Dohrnweg 1 mit der attraktiven Fassade steht etwas erhöht eine schön gewachsene große **Blut-Buche.** An ihrem Stamm in etwa 1 m Höhe ist gut die „Pfropfstelle" zu erkennen. Wir dürfen sie als „tapferen" Baum bezeichnen, denn sie ist arg in die Ecke gequetscht und wird sehr von den Häusern bedrängt. Sie mag gut einhundert Jahre alt syein, denn das etwas weiter stehende Haus Dohrnweg/ Ecke Paulsenplatz mit den Initialen F.M. wurde 1892 errichtet.

Der Dohrnweg führt in den Paulsenplatz, in dessen Mitte sich ein Spielplatz befindet. Dieser ist überwiegend von **Winter-Linden** umgeben. Gegenüber dem Haus Nr. 12 steht ein großer **Silber-Ahorn.** Aber allein der Paulsenplatz ist durchaus sehenswert: Ein ruhiger, großer Platz mit vielen schönen Altbauten, die mehrheitlich um 1900 errichtet wurden.

Wenn Sie sich jetzt links halten, gelangen Sie in die Mistralstraße, die zur Stresemannstraße führt. Kurz vor der Stresemannstraße steht eine Gruppe mehrerer größerer Bäume. Unerwarteterweise ist der größte eine **Flatter-Ulme** mit dem respektablen Umfang von 3,20 m. Ansatzweise erkennt man unten am Stamm die für **Flatter-Ulmen** typischen Brettwurzeln. Gegenüber dieser Baumgruppe wächst eine schöne **Trauer-Buche.** Das konzentrierte Vorkommen von vergleichsweise großen Bäumen an dieser viel befahrenen und

weitgehend baumlosen Stresemannstraße lässt vermuten, dass es hier früher einen Park oder größere Gärten gegeben hat.

Besonders im Frühjahr lohnt sich eine kleine Verlängerung dieses Spazierganges: Gehen Sie über die Stresemannstraße hinweg in die Juliusstraße. Sie ist im Frühling durch eine ganze Reihe von kleinen blühenden Bäumen der **Felsen-Birne** geschmückt.

Biegen Sie dann in die erste Straße links ein. An der Ecke Lippmannstraße/Juliusstraße lädt Sie das „Café unter den Linden" ein. Dann gehen Sie die Lippmannstraße links Richtung Max-Brauer-Allee. Nach etwa einhundert Metern biegen Sie rechts in eine Grünanlage ein, deren Eingang von einem Bogen blühender **Clematis** gebildet wird. Links im Vorgarten wächst ein **Quittenbaum.** Rechts vom Bunker erwartet Sie eine kleine Oase blühender **Apfelbäume.**

Rückfahrt: Metrobus 15 vom Schulterblatt oder S/U-Bahn von Sternschanze.

2b

Wohlers-Park-Umgebung

Blut-Buche

Flatterulme

Oben:
Der Baum in der Mitte ist eine stattliche Flatter-Ulme (Umfang 3,20 m), eine der ganz wenigen großen Flatter-Ulmen mitten im Stadtgebiet! (Februar 2009)

Eine „Anleihe" aus Weimar: In der dortigen Gropiusstraße wachsen vier stattliche Flatter-Ulmen, bei denen die typischen Brettwurzeln besonders gut ausgebildet sind (Mai 2009)

3   Der Eppendorfer Park

Bus 20, 25 UKE (Universitätsklinikum Hamburg-Eppendorf)

Wir starten unseren Rundgang durch den Eppendorfer Park gegenüber dem „Universitätsklinikum Hamburg-Eppendorf", Martinistraße 52.

3a   Echte Kastanien, Schnur- und Amberbaum

Uns empfangen 2 mittelgroße **Echte Kastanien** (Ess-Kastanien). Besonders das linke Exemplar ist im Herbst mit zahlreichen Früchten gesegnet.

Wir gehen nach links die Martinistraße hinunter und treffen nach 40 Metern auf fünf kräftige **Echte Kastanien.** Bei drei Stämmen müssen Sie entscheiden, ob es sich um einen Drilling oder um drei dicht nebeneinander gepflanzte Bäume handelt!

Wir folgen dem Weg und biegen in den ersten Weg rechts ein, vorbei an dem links gelegenen ehemaligen Toilettenhäuschen, bis wir nach etwa einhundert Metern zu einer Laterne kommen. Wenn Sie mögen, können Sie

hier einen kleinen Abstecher nach links machen. Sie treffen auf die Tarpenbekstraße, folgen dieser und stoßen nach einhundert Metern auf einen mittelgroßen **Ginkgo,** der direkt rechts neben dem Weg zwischen der Straße und dem Fahrradweg steht. Vierzig Meter weiter wächst links des Weges ein großer **Japanischer Schnurbaum.** Ein zweites schönes Exemplar mit knorrigem Stamm folgt kurz darauf. Diese beiden Schnurbäume gehören mit zu den größeren Exemplaren in Hamburg. Ihre Zweige hängen tief herunter, so dass Sie z. B. im Juli / August die feinen weißen Schmetterlingsblüten, die sich in mehrfach verzweigten lockeren Trauben von rispenartigem Aussehen präsentieren, auf Augenhöhe in Ruhe betrachten können. Bis zum Oktober entstehen daraus hängende Hülsenfrüchte. Der ebenfalls für diese Art gebrauchte Name **Perlschnurbaum** rührt von der Einschnürung der einzelnen Samen, die an eine kleine Perlenkette denken lässt. Die Blätter sind unpaarig gefiedert mit bis zu 17 Einzelblättchen.

Wir kehren zu der Laterne im Park zurück und folgen dem Weg geradeaus bis zum Spielplatz. An dessen hinterem Ende, etwa 20 Meter links von einer Schaukel entfernt wächst hinter einem kleinen **Silber-Ahorn** eine in Hamburg seltene Ahorn-Art, und zwar ein mittelgroßer mehrstämmiger **Kolchos-Ahorn** (Acer cappadócicum GLED.). Gelegentlich finden sich auch deutsche Benennungen wie **Kolchischer** oder **Kappadozischer Spitz-Ahorn,** da seine Blätter denen des Spitz-Ahorns ein wenig ähneln. Trotzdem sind sie einfach unterscheidbar, denn der Kolchos-Ahorn hat weniger Spitzen, die oberen fünf Lappen sind einander ziemlich ähnlich, die untersten zwei Lappen am Stiel sind sehr viel kleiner und fehlen manchmal ganz. Im Herbst belohnt uns diese Ahorn-Art mit hübschen goldgelben Blättern.

Wir schreiten voran auf einem kleinen Pfad hart am linker Hand liegenden Zaun entlang, hinter dem sich ein Bauspielplatz verbirgt. Hinter dem Zaun links auf der Höhe einer kleinen Birkengruppe lugt ein **Götterbaum** hervor. 15 Meter hinter diesen Birken direkt am Weg überrascht uns eine **Hybrid-Ross-Kastanie** (Aesculus x carnéa). Die Eltern sind die europäische gemeine Balkan-Ross-Kastanie (Aesculus hippocastánum L.) und die amerikanische Pavie (Aesculus pávia L.). Ihre Blätter haben eine etwas andere Form, sind derber und dunkelgrüner als die der gemeinen Balkan-Ross-Kastanie.

3

Der Eppendorfer Park

Kastanienbäume

Schnurbaum

Links:
Die „Perlen-schnurfrüchte" des Schnurbaums

Wir schlagen jetzt den Weg nach rechts ein, parallel zur Breitenfelder Straße. Der erste Baum rechts ist ein mittelgroßer amerikanischer **Amberbaum**. Die Blätter dieser Baumart zeigen eine schöne rote, rotbraune oder gelbe Herbstfärbung.

3b Nadelbäume, Blumen-, Schmalblättrige Esche, Riesen-Rot-Eiche, rekordverdächtige Sumpf-Eiche

Wir folgen dem Weg, bis wir in etwa 150 Meter Entfernung rechts auf eine Ansammlung von **Lärchen** stoßen. Die Exemplare mit den mehr oder weniger weit horizontal abstehenden Ästen sind **Japanische Lärchen** (Lárix káempferi (LAMB.) CARR.), während es sich bei den Bäumen mit herabhängenden Ästen um die **Europäische Lärche** (Lárix decídua MILL.) handelt. Ihre Nadeln sind weich, dünn und stehen auf den Kurztrieben in kleinen Büscheln. Im Herbst nehmen sie eine goldgelbe Färbung an und werden abgeworfen.

Übrigens kann bei eventuellen Unsicherheiten in der Rechtschreibung Heinz Erhardt mit seinem kleinen Reim weiterhelfen, der da lautet:

„Man sieht die Lerchen mit Gesang hoch in die Lüfte steigen, jedoch NUR die mit ‚e' – die mit ‚ä' bleiben stehen und schweigen!"

Links:
Die Schmalblättrige Esche (Oktober 2009)

Rechts:
Herbstfärbung bei einer der größten Sumpf-Eichen Hamburgs (Umfang 3 m, Oktober 2009)
siehe Seite 43

Der zweite etwas schräg stehende Baum, nur 2,5 m rechts des Weges, ist eine **Strobe** oder **Weymouth-Kiefer.** Die Nadeln von Kiefern stehen generell zu mehreren in Büscheln von 2 bis 5 Nadeln zusammen. Bei der Strobe sind es fünf. Werfen Sie ruhig mal einen Blick auf den kleinen Teich. An seinem Ufer stehen ein etwa 6 m hoher **Urwelt-Mammutbaum** (Chinesisches Rotholz) und 15 m links von ihm eine 10 m hohe **Sumpf-Zypresse.** Bei einem Vergleich der Nadeln werden Sie schnell erkennen, dass die der Sumpf-Zypresse kleiner, feiner und wechselständig, beim Chinesischen Rotholz dagegen gegenständig sind.

Wir bleiben auf unserem Weg. Nach 50 Metern sehen Sie rechter Hand 20 Meter entfernt eine sehr schöne **Platane** (Umfang 4,03 m). Ich schlage Ihnen vor, hier den Weg zu verlassen und an dieser Platane vorbeizugehen. Etwa 50 Meter weiter, rechts neben vier Birken wächst nämlich eine mittelgroße **Blumen-Esche** (Fráxinus órnus L.). Diese Baumart wird auch **Blumen-** oder **Manna-Esche** genannt. „Manna" werden Sie allerdings unter dieser Esche nicht finden. Im Übrigen bezieht sich dieser Name nicht auf das biblische Manna, sondern auf Manna = Mannit. Seit dem 17. Jahrhundert wird die Blumen-Esche in Süditalien zur Mannitgewinnung kultiviert. Beim Einritzen der Rinde erhält man einen gelblichen Saft, der zur Herstellung von Heilmitteln gegen Verstopfung und Husten verwendet wird.

Bei uns wird diese Baumart jedoch wegen ihrer dekorativen stark duftenden 10–20 cm großen federartigen Büschelblüten angepflanzt. Bei manchen Exemplaren wirken blühende Blumen-Eschen aus der Ferne weiß. Die Blütezeit ist im Mai. 30 Meter hinter der Esche wird Ihnen sofort eine gewaltige **Rot-Eiche** (Umfang 5 m!) auffallen. Dicht neben ihr wächst eine sehenswerte **Trauer-Buche** (Hänge-Buche). Vierzig Meter von der Rot-Eiche entfernt machen zwei mächtige **Pappeln** auf sich aufmerksam. Zwischen ihnen und dem Teich zeigt ein Findling die geschwungene Jahreszahl 1890. Es ist das Geburtsjahr dieser Anlage, die u. a. als Erholungspark für die Patienten des Eppendorfer Krankenhauses eingerichtet wurde.

Zwischen der ersten Pappel und dem Gehweg stoßen wir auf eine **Schmalblättrige Esche** (Fráxinus angustifólia VAHL) mit interessantem Wuchs. Ein auch im Winter eindeutiges Bestimmungsmerkmal: Während die Gemeine Esche schwarze Knospen hat, ist die Knospenfarbe bei ihr braun. Außerdem ist die Borke älterer Stämme grob und tief gefurcht.

Wir schlagen jetzt den Weg zum Ausgang Breitenfelder Straße / Ecke Curschmannstraße ein. Dort treffen Sie auf eine Gruppe großer **Rot-Buchen.** Das stattlichste Exemplar weist einen Umfang von 4,68 m auf. Der geweißte Stamm soll gegen zu starke Sonneneinstrahlung schützen. Dem Ausgang gegenüber, vor den Häusern der Breitenfelder Straße Nr. 68–72, stehen vier recht große **Baum-Hasel.** Vor dem Haus Nr. 72 erfreut uns im Herbst eine mittelgroße **Rot-Eiche** mit einer besonders kräftigen roten Laubfärbung.

Lassen Sie uns zum Abschluss noch einen kurzen Schlenker rechts in die Curschmannstraße machen. In dem Gebäude an der Ecke Breitenfelder Straße / Curschmannstraße ist zurzeit die Gesamtschule Eppendorf untergebracht. Ursprünglich war hier das ehemalige Lyceum Curschmannstraße beheimatet, das 1926–1928 nach einem Entwurf von Fritz Höger errichtet wurde. Am Ende dieses Schulgebäudes, kurz vor der Martinistraße, erhebt sich vor dem Parkplatz eine hohe **Sumpf-Eiche** (Quércus palústris MUENCHH., *siehe Seite* 41). Mit ihrer Höhe und einem Umfang von 2,94 m ist sie eine der größten ihrer Art in Hamburg – wenn nicht sogar die größte!

Von hier könnten Sie mit dem Bus 20 oder 25, die vor dem UKE in der Martinistraße halten, Ihre Heimfahrt antreten.

3

Der Eppendorfer Park

Sumpf-Eiche

4 Universitätsklinikum Hamburg-Eppendorf (UKE) – Bereich West

Ich verweise auf Bd. I, S. 87–89, in dem bereits ein wenig über die Geschichte des UKE und über mehrere alte und besonders große Baum-Exemplare berichtet wurde. Nach 1945 wuchsen natürlich zahlreiche Bäume nach, so dass wir heutzutage auf dem UKE-Gelände eine erstaunliche Baum-Vielfalt entdecken können.

Bereich West (Grün auf dem Lageplan)

Wir betreten das Gelände beim Haupteingang. Gleich rechts neben der Einfahrt für Autos steht der „Wächter" des UKE: Eine schöne **Sumpf-Zypresse** mit einem Umfang von 3,55 m. Wir betreten das Gelände bei der Autoeinfahrt und lassen das Pförtnerhaus rechts liegen. Hier können Sie kostenlos einen Lageplan vom UKE erhalten. Wir überqueren die Straße und treffen vor dem Gebäude W 34 (8) auf einen kleinen **Amerikanischen Weißdorn,** der sich im Herbst voller roter Früchte präsentiert. Auf der folgenden Rasenfläche steht ein 8 m hoher **Walnussbaum.**

4a Chinesische Schönfrucht, Parrotie, Stein-Weichsel

Wir biegen jetzt in die erste Straße links ein. Linker Hand wachsen zwei besondere Sträucher, und zwar die **Chinesische Schönfrucht** (Callicárpa bodiniéri var. giráldi (HESSE) REHD.). Im Herbst sind ihre Zweige mit sehr spektakulären violetten beerenartigen Früchten behangen. Sie werden häufig in Blumenläden zur dekorativen Vervollständigung von Blumensträußen eingesetzt. Im Volksmund wird dieser Strauch auch **„Liebesperlenstrauch"** genannt (s. Planten un Blomen).

Es folgt eine neu gepflanzte **Parrotie** (Parrotia persica (DC.) C. A. MEYER). Dieses Exemplar ist noch mit drei Stützen versehen. Es ist bemerkenswert durch seinen Hochstamm, denn meist sind diese Bäume mehr- und kurzstämmig (s. Kapitel Stadtpark).

Wir biegen jetzt in die nächste kleine Straße links ein, die zu dem Gebäude W 34 führt. Rechter Hand, leider etwas versteckt, wächst eine **Stein-Weichsel** (Prúnus Máhaleb L.). Welch ein Wohlklang, welch schöne Vokale! Der Name geht zurück auf das Arabische: „Mahlab" bzw. „mahaleb" bedeutet etwa „Kirsche mit biegsamen Zweigen". Die Stein-Weichsel ist in Hamburg ein seltener Baum. Auch Namen wie **Weichsel-Kirsche** und **Felsen-Kirsche** sind für ihn gebräuchlich. Dieses Exemplar teilt sich in 2 m Höhe in zwei Stämme (s. Alter Botanischer Garten).

4a

UKE Eppendorf West

Chinesische Schönfrucht

Der „Wächter" am Haupteingang zum UKE: eine stattliche Sumpf-Zypresse (Umfang 3,55 m, Oktober 2009)

Wir gehen zurück auf die Straße, folgen ihr nach links, biegen in die erste Straße links zwischen den Gebäuden W 35 und W 36 ein, gehen geradeaus und lassen das Gebäude W 40 links liegen. Vor uns sehen wir in 6 m Höhe ein Transparent „Kindergarten". Rechts hinter dem manchmal geschlossenen Eisentor wachsen mehrere Großsträucher des **Sanddorns.** Die weiblichen Sträucher zeigen häufig eine Überfülle der bekannten Früchte, die ein fettes Öl, Mineralstoffe und Vitamine enthalten. Deswegen werden sie nicht nur von Menschen, sondern auch von Vögeln sehr geschätzt. Botanisch zählt der Sanddorn zu den Ölweidengewächsen. Etwas versteckt hinter dem linken Sanddorn wächst eine **Quitte,** die sich im Herbst durch ihre hübschen gelben Früchte verrät.

4b Silber-Ahorn, Winter-Linde, „Raywood"-Esche

Wir kehren um und folgen dem ersten Weg links bis zum Schild „Ausfahrt", gehen dort nach rechts bis zum Gebäude W 28, vor dem sich ein achtstämmiger **Silber-Ahorn** erhebt. Etwa 50 Meter dahinter an der nächsten Wegecke wächst ein kräftiger **Baumhasel** (Türkenhasel). Schräg gegenüber, im Vorgarten des Hauses W 35, direkt vor dem Eingang Nr. 67, macht ein mittelgroßer Ahorn mit hellgelben Blättern auf sich aufmerksam. Es handelt sich hier um eine Kultursorte des **Berg-Ahorns** (Acer pseudoplátanus ‚Leopóldii'). Die auffälligen Blätter weisen ein sehr helles Gelb bis Weiß mit grünen Flecken auf. Es sind sogenannte panaschierte Blätter.

Wir biegen jetzt unmittelbar hinter dem Baumhasel links ein, denn dort erwartet uns vor dem Haus W 26 eine eindrucksvolle **Winter-Linde.** Sie steht etwas schief. Aber es ist ein stattliches Exemplar mit einem Umfang von 2,88 m. Außerdem ist sie „lupenrein", also kein Hybrid, wie sie bei Winter- und Sommer-Linden häufig vorkommen. Ihre Echtheit erkennen Sie an den bräunlich-rostroten Achselbärten in den Aderwinkeln der Blattunterseite. Ferner sind ihre Blätter kleiner als die der Sommer-Linde, wobei die Außenränder der Blätter meist leicht nach oben gewölbt sind („hochgezogene Schultern"). Ein anderer Name der Winter-Linde ist **Stein-Linde,** während die Sommer-Linde auch als **Großblättrige Linde** bezeichnet wird.

Wir gehen zurück auf die Straße, der wir folgen, um dann in die erste Straße links einzubiegen. Das Gebäude links (W 29) ist das bekannte Erika-Haus. Es wurde 1912–1914 als „Erika-Schwesternhaus" nach einem Entwurf von Fritz Schumacher errichtet. Weitere Einzelheiten zu seiner interessanten Historie finden Sie auf einer Tafel an dem Gebäude. Wir gehen geradeaus weiter zum Haus W 23. Davor ist der höchste Baum eine besondere Kultursorte der **Schmalblättrigen Esche:** Fráxinus angustifólia ‚Raywood'. Sie ist bei uns äußerst selten und zeichnet sich durch eine hübsche intensive rote Herbstfärbung aus. Wenn Sie diesen Rundgang hier beenden wollen, könnten Sie nun zum Haupteingang zurückkehren.

4c Butenfeld und Umgebung: Alte Rot-Eichen, Hunderte Schwedische Mehlbeeren

Eine Alternative wäre, in etwa 100 Metern Entfernung den Ausgang „Butenfeld" zu wählen. Es lohnt sich nämlich, mal einen Blick in die umliegenden Straßen zu werfen. Wenn Sie das Gelände durch den Ausgang Butenfeld verlassen, können Sie linker Hand in der gleichnamigen Straße eine schöne Eichenallee bewundern. Die ganze Straße wird nämlich von kräftigen **Rot-Eichen** gesäumt, die um 1900 gepflanzt wurden. Diese Allee führt zum Lokstedter Steindamm. Dort könnten Sie den Metrobus 5 nehmen.

Aber auch ein Spaziergang durch die rechtsseitige Butenfeldstraße hat seine Reize: So werden Sie im Vorgarten von Nr. 34 einen **Trompetenbaum** entdecken. In den benachbarten Straßen Münster-, Süderfeldstraße, Lütt Süderfeld erfreuen uns Hunderte von **Schwedischen Mehlbeeren** (Sórbus intermédia (EHRH.) PERS.) als Straßenbäume. Unter ihnen finden sich auch einzelne Mehlbeeren der Sorte ‚thuríngia'. Alle Mehlbeerarten blühen weiß (Mai/Juni). Im September/Oktober schimmern dort ganze Straßenzüge von dem Rot der Früchte.

Die Schmalblättrige Esche der seltenen Sorte ‚Raywood' (Oktober 2009)

Linke Seite unten: Eine „lupenreine" Winterlinde mit Schlagseite (Oktober 2009)

5 Universitätsklinikum Hamburg-Eppendorf (UKE) – Bereich Ost

Wir betreten das Gelände am Haupteingang für Fußgänger. Gleich rechts – vor dem 1888/89 errichteten Brauerhaus – grüßen uns zwei mächtige, etwa 140 Jahre alte Veteranen: Rechter Hand eine **Blut-Buche** (Umfang 4,45 m), links davon eine **Platane** (Umfang 4,85 m). Wir gehen in Richtung Klinikum-Hauptgebäude mit der Apotheke DocMorris, halten uns rechts und lassen das Café/Restaurant Dallucci rechts liegen.

Wir schlagen den ersten asphaltierten Fußweg ein, der halbrechts geradewegs auf eine hübsche Gruppe von drei großen hochgewachsenen **Rot-Buchen** führt. Bevor wir sie erreichen, verharren wir, um einen Entdecker-blick auf die rechts vor uns liegende Rasenfläche zu werfen:

5a Trauben-Eiche, Tulpenbaum, Kobushi-Magnolie

Der erste Baum gleich rechts des Weges ist die in Hamburg nicht sehr häufige **Trauben-Eiche** (Quércus petráea (MATT.) LIEBL.), die auch als **Winter-Eiche** bezeichnet wird (s. Jenisch-Park). Traube bezieht sich auf die Eicheln: Sie sitzen zu mehreren dicht aneinander, fast ungestielt, traubenähnlich zusammen. Zwanzig Meter von der Trauben-Eiche entfernt erhebt sich am hinteren Rasenrand ein stattlicher **Amerikanischer Tulpenbaum** mit einem kleinen Ast in 3 m Höhe. Es ist die seltene Sorte ,áurea', die goldgelbe Blät-

48

ter trägt. Lassen Sie sich den klangvollen lateinischen Namen dieses Baumes auf der Zunge zergehen: Liriodéndron tulipífera ‚áurea'. Frei übersetzt: „der Tulpen tragende Lilien / Leier-Baum mit goldgelb(en Blättern)".

Wir folgen dem geschwungenen Asphalt-Fußweg. Rechter Hand erhebt sich eine gewaltige **Rot-Buche** mit weit ausladenden Ästen und einem mächtigen Stamm (Umfang 4,60 m). Kurz darauf, hinter dem Gebäude 025 auf der linken Seite, treffen wir auf eine weitere stattliche **Rot-Buche** (Umfang 3,50 m). Wir gehen geradeaus weiter. Vor dem Haus 035, das gleichzeitig Ausgang zur Martinistraße ist, macht eine große **Blut-Buche** (Umfang 4,23 m) auf sich aufmerksam.

Gegenüber der Blut-Buche wachsen einige Nadelbäume, an deren rechtem Rand ein etwa 10 m hoher **Ilex** (Stechpalme) mit einem kräftigen Stamm auffällt. Wir gehen an dem Ilex und an dem Gebäude 036 vorbei und biegen in die erste Straße rechts ein. Nach etwa einhundert Metern erblicken wir linker Hand, gegenüber der Haltestelle des UKE-Shuttle-Busses, einen **Trompetenbaum** (Catálpa). Hier handelt es sich um einen Hybrid-Baum mit einem Elternteil des gelbblühenden Trompetenbaumes (Catálpa ováta). Etwa zwanzig Meter weiter steht ein zweiter Trompetenbaum. Vor dem Eingang zur Martini-Klinik (Gebäude 046) finden Sie einen kleinen **Eschen-Ahorn** (Eschenblättriger Ahorn) und dann – deutlich spektakulärer – eine stattliche **Kobushi-Magnolie** (Magnolia kóbus DC.) mit einem Umfang von fast 2 m. Diese Baumschönheit schmückt sich im April vor dem Blattaustrieb mit zahlreichen weißen Blüten. Im Oktober trägt sie 7–10 cm lange Früchte mit hübschen rot leuchtenden Samenmänteln.

5b Hybrid-Linde und seltener Maulbeerbaum ‚pendula'

Wir gehen auf die Straße zurück. Fünfzig Meter weiter links an der Straße grüßt uns eine große **Linde.** Sie beeindruckt mit ihrem urigen Stamm und den sieben Stark-Ästen. Diese Linde ist ein Hybrid zwischen Sommer- und Winter-Linde. Wir folgen der Straße und biegen hinter einem kleinen **Ginkgo** links ein. Wir setzen unseren Weg geradeaus fort und biegen hinter dem Gebäude 057 wiederum links ein. Diese Straße wird auf ihrer

5a

UKE Eppendorf Ost

Kobushi-Magnolie

Linke Seite, rechts: Die dekorativen Früchte der Kobushi-Magnolie (Oktober 2009)

Linke Seite, links: Zwei mächtige Bäume vor dem 1888/89 erbauten Brauerhaus: links die Platane (Umfang 4,85 m), rechts die Blut-Buche (Umfang 4,45 m, April 2010)

*Die Weiße Maulbeere in
der seltenen „Hänge-Form"
(péndula, Oktober 2009)*

rechten Seite flankiert von sechs kleineren **Baumhaseln.** Ein ganzes Stück weiter, fast am Straßenende, fällt linker Hand eine große hochgewachsene **Linde** mit fünf Stark-Ästen auf. Ist sie auch ein Hybrid? Wenn Sie dieser Linde den Rücken zukehren, werden Sie auf der anderen Straßenseite hinter einem Parkplatz eine Rasenfläche erblicken. An ihrem rechten Rand hinten steht ein mehrstämmiger, ziemlich großer **Schnurbaum.**

Wir gehen bis zum Ende der Straße (Gebäude 049). Rechter Hand hinter dem Parkplatz, ungefähr 60 Meter vor dem Haupteingang zum Herzzentrum wächst am linken Rand der Rasenfläche ein eher unscheinbarer, nur 2,50 m hoher Baum. Es ist ein **Weißer Maulbeerbaum,** und zwar in der seltenen Hängeform (Mórus álba ‚péndula'). Die Blätter des Weißen Maulbeerbaums – nicht des Schwarzen – dienen in Asien den Seidenraupen als Nahrung. Konfuzius soll dazu gesagt haben: „Mit etwas Geduld wird aus den Blättern dieses Baumes ein wunderschönes Seidengewand." Lassen wir uns also etwas durch diesen Ausspruch inspirieren: Weniger Hektik, mehr Ruhe und Entspannung!

Nachdem wir diese botanische Besonderheit kennen gelernt und den weisen Ausspruch (hoffentlich) verinnerlicht haben, kehren wir ganz locker und entspannt zum Haupteingang zurück.

6 Parkanlage Grindelberg (Grindelhochhäuser): „Vorkriegsware" Lindenallee, Platane, Spitz-Ahorn

Metrobusse 5, 15, Haltestelle Bezirksamt Eimsbüttel
U-Bahn Hoheluftbrücke

6

**Parkanlage
Grindelberg**

Die zwischen 1949 und 1956 entstandenen Grindelhochhäuser waren das erste große Wohnhausprojekt Deutschlands nach dem Kriege. Ursprünglich waren sie gedacht für die seinerzeitige englische Besatzungsmacht, denn Hamburg gehörte zur Britischen Zone.

Der erste Spatenstich erfolgte am 12.7.1946. Nachdem die westlichen Besatzungstruppen ihr Hauptquartier in Frankfurt/M. errichteten, trat ein längerer Baustillstand ein. Im März 1948 entschied der Hamburger Senat, auf den zwölf bereits gelegten Fundamenten Hochhäuser mit Wohnungen zu bauen.

Wir beginnen unseren Rundgang in der Nähe der obigen Bushaltestellen vor dem Haus Hallerstraße 6/8. Dieses 1888 fertig gestellte Doppel-Etagenhaus steht seit dem Jahr 2000 unter Denkmalschutz. 2002 erhielt es den zweiten Preis als „schönste Fassade Hamburgs". Alltags ist es manchmal geöffnet, so dass Sie sich im Eingangsbereich die schönen Deckengemälde von 1905 anschauen könnten (Fassadenfoto S. 56).

Blick durch die mit „Vorkriegslinden" bestandene ehemalige Klosterallee auf das 1888 erbaute Doppelhaus Hallerstraße 6–8, das seit dem Jahr 2000 unter Denkmalschutz steht. (März 2009)

Wenn Sie nun dem Haus den Rücken zukehren und in das gegenüber liegende Hochhausgelände blicken, werden Sie eine **Lindenreihe** erkennen. Einige andere Bäume in diesem Bereich müssen Sie sich wegdenken, da sie erst viel später nach dem Krieg gepflanzt wurden. Diese Linden sind historisch, denn sie markieren den ehemaligen Verlauf der Klosterallee, die bis zum Ende des Krieges von der Isestraße bis zur Hallerstraße verlief.

Die Linden sind sozusagen „Vorkriegsware". Sie wurden wahrscheinlich in den 1920er Jahren gesetzt.

Links an der Ecke Hallerstraße/Grindelberg werden Sie einen weiteren Veteran erspähen. Es ist eine stattliche **Platane** (Umfang 3,85 m). Mit ihren gut einhundert Jahren dürfte sie der älteste Baum dieses Geländes sein (s. Bd. I, S. 56–58). Nach 1945 sind hier etliche zum Teil bereits größere Bäume gepflanzt worden.

Wir betreten das Gelände rechts neben dem linken Hochhaus. Im Frühling schmückt sich der Rasen bei den Linden mit Schneeglöckchen sowie zahlreichen Krokussen. Am Ende des ersten Hochhauses 1d und vor dem rechten Hochhaus 3a–3c stoßen wir auf eine Rasenfläche mit einem **Tulpenbaum,** vier **Rot-Buchen** und einer **Esche.**

Am schönsten ist die **Rot-Buche** in der Mitte (siehe Foto S. 54-55). In 1,20 m Höhe beträgt ihr Umfang fast 3 m. Sie ist der **Lieblingsbaum** vieler Bewohner/-innen der Grindelhochhäuser. Der Baum besticht durch seinen herrlichen Wuchs und die zahlreichen Äste, die sehr dicht über der Erde ansetzen. Das Gewirr ihrer Äste lässt uns an den Vers von Heinz Erhardt denken:

„Der *Baum* hat Äste,
und das ist das Beste.
Denn wär' er kahl,
dann wär's ein Pfahl!"

Diese hübsche Rot-Buche gehört auch zur „Vorkriegsware". Wahrscheinlich stammt sie aus der Zeit 1900–1920 und wuchs in ihrer Jugendzeit im Garten eines der weggebombten Häuser.

Rechte Seite: Das von der Künstlerin Sigrid Sand-
mann anlässlich des fünfzigjährigen Jubiläums der
Grindelhochhäuser entworfene Transparent.
Links der gut einhundert Jahre alte Baumveteran:
eine Platane mit 3,85 m Umfang
(August 2007)

6

Parkanlage Grindelberg

Der Lieblingsbaum vieler Hochhausbewohner/ -innen: die vielästige Rot-Buche mit einset- zender Herbstfärbung, siehe S. 52 (Oktober 2009)

Die hübsche Fassade des Doppelhauses Hallerstraße 6–8 (siehe S. 51) wird durch den Rotdorn im Vorgarten und die am Gebäude emporrankende Clematis zusätzlich verschönert (Juni 2010)

Links vor der Schmalseite des nächsten Hochhauses (Grindelberg 62; Bezirksamt) befindet sich ein kleiner Garten von wenigen Quadratmetern, der liebevoll von der Hochhausbewohnerin Frau R. Lehmann und einigen Helferinnen und Helfern angelegt wurde und gepflegt wird. Vom Frühling bis zum Herbst blühen hier die unterschiedlichsten Blumen und Büsche.

Zwischen dem linken und dem rechten Hochhaus (Brahmsallee 25–37) hat sich im Laufe der Zeit eine echte Idylle entwickelt. Links des Weges hinter der Skulptur „Schwäne" von Karl-August Ohrt fällt eine weit ausladende fünfstämmige **Kaukasische Flügelnuss** ins Auge, deren Krone aufwendig gesichert wurde. Zwei malerische **Trauer-Weiden** sind ihre Nachbarinnen. Zwischen dem Teich und dem Hochhaus steht ein kleiner **Wildapfelbaum** direkt am Wasser. Er ist im Frühling mit weißen Blüten übersät. Im Herbst finden seine zahlreichen kleinen roten Früchte besonders bei Drosseln reißenden Absatz. Dahinter zwischen anderen Gehölzen erfreut uns im Frühling eine **Japanische Zier-Kirsche** mit ihren rosa Blüten.

6

**Parkanlage
Grindelberg**

*Zierkirsche
(April 2009)*

*Vor dem Hochhaus
Brahmsallee 25 steht
eine Japanische gefüllte
Nelkenkirsche in voller
Blüte.
Rechts dahinter die sich
entfaltenden Blätter der
Blut-Buche.
Hinter der Blut-Buche,
vor den Häusern Nr.
3a–3c, wächst eine
Gruppe von etwa einem
Dutzend Robinien
(Falsche Akazien).
Links in das Bild ragen
Zweige eines größeren
Silber-Ahorns hinein
(April 2009)*

Auch auf der rechts des Weges liegenden Rasenfläche präsentieren sich im Frühling mehrere Schönheiten: eine strahlend
weiß- und eine rosablühende **gefüllte Japanische Nelken-Kir-
sche** sowie mehrere kleine **Birken** mit ihrem zarten Blättergrün.
Im Herbst ist diese Parkecke gleichfalls eine Augenweide: Die
Kaukasische Flügelnuss dominiert den linken Rasen mit ihren
gelb gefärbten Blättern. Auf der rechten Fläche leuchten die
Birken ebenfalls in Gelb, Rot-Buchen mit braunroten und **Silber-
Ahorne** mit mehrfarbigen Blättern.

Wir folgen dem Weg, der uns direkt zu einem großen, vielästi-
gen **Spitz-Ahorn** führt, der auf der Rasenfläche vor dem Hochhaus Brahmsallee 41 steht. Es ist ein besonders schön gewach-
senes Exemplar (Umfang 2,83 m) und ein „Altbewohner" des
Geländes, da er etwa 1930 gepflanzt wurde.

Unser Weg führt uns jetzt halbrechts Richtung Brahmsallee.
Links bewacht der „Große Speerträger" von Fritz Fleer den Weg.
Wie die anderen Skulpturen der Parkanlage schmückt auch er
seit Mitte der 1950er Jahre das Gelände. Zwischen ihm und dem
linken Hochhaus wächst ein schlanker **Götterbaum.** Wir gehen
nun den ersten „Trampelpfad" links durch die Rasenfläche auf
das Hochhaus Oberstraße Nr. 18a zu. Am Ende des Weges steht

rechts eine **Stiel-Eiche.** Mit einem Umfang von 2,17 m ist sie ein Zeitzeuge der ursprünglichen Straßenführung vor der Erbauung der Hochhäuser. Sie wurde wohl um 1920 als Straßenbaum gepflanzt.

Der Weg rechts führt zum Spielplatz. Hinter diesem steht direkt zwischen dem Zaun und der dahinter liegenden Oberstraße ein dreistämmiger **Feld-Ahorn.**

Von hier aus könnten Sie einen Abstecher in den Innocentia-Park machen (Bd. II, S. 53–54).

Wir bleiben jedoch in der Parkanlage Grindelberg. Mein Vorschlag: Sie gehen diesen Weg bis zum Ende, biegen hinter dem Spielplatz links in die Oberstraße ein und gehen diese bis zum letzten Hochhaus hinunter. Zwischen diesem und der Oberstraße werden Sie auf der Rasenfläche eine kleine **Blut-Buche** finden. Auf einem neben ihr liegenden Stein wird darauf hingewiesen, dass es sich um eine private Baumspende handelt. Diese 2006 gepflanzte Blut-Buche nimmt die ursprüngliche Gestaltungsidee des Hochhausgeländes wieder auf: Jeweils vor den Schmalseiten der Hochhäuser sollten große Einzelbäume stehen.

An der Oberstraße am Rande des Rasens stehen für diesen Standort etwas unerwartet zwei **Eschen.** Am Ende der Oberstraße biegen wir links hinter dem Haus mit der „Katzenfassade" in den Grindelberg ein. Hinter diesem Haus standen bis vor wenigen Jahren **Balsam-Pappeln,** die leider nach einem schweren Unwetter im Jahre 2004 gefällt wurden.

Wir schlagen sogleich den ersten Weg nach links in Richtung Hochhaus Nr. 14a ein. Der erste Baum rechts ist ein **Götterbaum** mit drei Stämmen. Vier Meter von ihm entfernt unmittelbar rechts am Weg fällt uns ein mittelgroßer **Kolchischer Spitz-Ahorn** (Acer cappadócicum GLED.) auf. Der Weg kann nun bis zum Hochhaus fortgesetzt werden. Rechter Hand auf der Rasenfläche wachsen mehrere hübsche Buchen. Die größten unter ihnen sind wohl auch um 1920/30 gepflanzt worden.

Ein kleines Stück weiter auf der Rasenfläche vor der Nr. 14c zeigt eine herrliche **Kobus-Magnolie** (Kobushi-Magnolie) im Frühling ihre weiße Blütenpracht. Wenn Sie nun noch den Weg vor der Magnolie Richtung Grindelberg hinuntergehen, treffen Sie an seinem Ende rechts auf eine kleine **Parrotie** (Persisches Eisenholz). Sie blüht vor dem Laubaustrieb. Ihre kleinen eigenartigen Blütenköpfchen mit den orangefarbenen Staubgefäßen und die hübsche orangerote Herbstfärbung ihrer Blätter machen sie zu einem attraktiven Gehölz (s. Kap. Stadtpark).

Hier endet unser Rundgang.

Oben:
Eine Augenweide:
die blühende Kobushi-
Magnolie (April 2009)

Grindelhochhäuser:
Wilder Apfel,
etwas versteckt bei der
ehemaligen Tankstelle
(August 2009)

7 Planten un Blomen: Ein Baum-Kleinod im Herzen der Stadt

U-Bahn Messehallen
Metrobus 4, 5, Haltestelle Grindelhof

Wir betreten Planten un Blomen durch den Eingang bei der Rentzelstraßen-Brücke gegenüber dem Fernsehturm.

Es ist wirklich erstaunlich, dass hier auf einer kleinen Fläche von wenigen Hektar so viele interessante und zum Teil seltene Strauch- und Baumarten zu finden sind!

Bereits rechts kurz hinter dem Eingang empfängt uns eine **Kaukasische Flügelnuss.** Gleich links der Treppen steht eine nur vier Meter hohe, aber üppig verzweigte **Parrotie.**

Am unteren Ende der Treppe links grüßt ein **Japanischer Blüten-Hartriegel** (Córnus kóusa HANCE). Seine weißen Blüten und die roten, himbeerähnlichen Früchte machen ihn zu einem sehr attraktiven Gehölz.

Zehn Meter halblinks von ihm fällt eine mehrstämmige **Himalaja-Birke** (Bétula útilis var. jacquemóntii (SPACH) WINKL.) durch ihre strahlend weiße Rinde auf. Etwa vierzig Meter vor uns rechts am Hauptweg wächst eine größere **Silber-Linde.** Bei entsprechendem Sonnenstand wendet sie der Sonne ihre silbrigen Blattunterseiten zu.

7a   Kork-, Katsura-, Goldblasen- und Taschentuchbaum

Gegenüber der Treppe halbrechts fallen eine kugelig gewachsene mehrstämmige **Edel-Kastanie** und rechts von ihr ein um 1980 gesetzter **Feigenbaum** (Fícus cárica L.) auf. Beide Bäume tragen reichlich Früchte: Die Maronen sind jedoch meist leer und die Feigen reifen nicht richtig. Leider! Hinter diesen Bäumen wachsen drei **Amur-Korkbäume.**

Wir wenden uns zwei Meter hinter der Treppe sofort scharf nach rechts. Rechter Hand wächst ein **Eisenhutblättriger Ahorn** (Acer japónicum aconitifólium). Die filigranen Blätter dieser Art des Japanischen Fächer-Ahorns ähneln denen des Eisenhuts. Im Herbst erfreuen sie uns mit einer besonders kräftigen Rotfärbung.

Geradeaus vor uns links am Weg steht ein auffälliger Drillings-**Katsura-Baum** (Kuchenbaum). Er wurde ungefähr um 1980 gepflanzt.

Rechts des Weges hinter der Wegbiegung treffen wir auf eine in Hamburg nicht sehr häufige Baumart: ein doppelstämmiger **Pagoden-Hartriegel** (Córnus controvérsa HEMSL.). Dieser in China, Japan und Korea beheimatete, bis zu 15 m hohe Baum mit grauer Borke zeigt im Mai/Juni weiße Blüten in ansehnlichen Doldenrispen. Daraus entwickeln sich im Frühherbst etwa erbsengroße, blauschwarze Früchte, die gern von den Vögeln gefressen werden.

7a

Planten un Blomen

Edelkastanie, Korkbaum, Taschentuchbaum

Der knallrote Eisenhutblättrige Ahorn.
Im Hintergrund links: der Katsura-Baum-Drilling (Oktober 2008)

Linke Seite:
Herbstfärbung der „kugeligen" Ess-Kastanie (Edel-Kastanie), links die Silber-Linde (Oktober 2009)

Der Weg führt uns vorbei an einem größeren **Götterbaum.** Fünfzehn Meter links daneben wächst ein kleiner **Judasbaum** (Cércis siliquástrum L.) mit mehreren Stämmen. Er zeigt uns im April/Mai seine schönen purpurrosa Blüten. Ungewöhnlich ist, dass diese den Zweigen, Ästen und dem Stamm („stammblütig") entspringen. Im Herbst hängt er voller Schoten.

Diese Wärme liebende Baumart ist vor allem im Mittelmeergebiet verbreitet und natürlich auch im Nahen Osten. Nach der Legende soll sich Judas an einem solchen Baum aufgehängt haben. Sehr viel wahrscheinlicher ist jedoch, dass der Name zurückgeht auf „Arbor Judaeae" = Baum von Judaea. Damit ist ein in und um Jerusalem häufig anzutreffender Baum gemeint.

Wir schlagen den Weg rechts ein. Links am Weg steht eine besondere zweistämmige Erle: Es ist eine hellstämmige **Weiß-Erle (Grau-Erle)** (Alnus incána (L.) MOENCH) der Sorte ‚Áurea'. Ihre besonderen Merkmale sind die lachsfarbigen männlichen Kätzchen und die grün-gelben bis goldfarbenen Blätter, weshalb sie auch „**Gold-Erle**" genannt wird.

Dicht dahinter folgen zwei große **Eiben.** Die relativ dicken Stämme lassen darauf schließen, dass sie über einhundert Jahre alt sein können. Gegenüber den Eiben wachsen rechts am Weg drei **Ginkgos,** von denen zwei weiblich sind.

Wir biegen gleich hinter der Eibe in einen kleinen Weg ein, der zum Wasser führt. Rechter Hand gegenüber der Eibe wächst der bei uns seltene **Goldblasenbaum** (Koelreutéria paniculáta LAXM.). Er ist auch bekannt unter den Namen **Blasen-Esche** oder **Blasenbaum.** Dieses Exemplar ist ein vielzweiger, kleiner Baum. Der lateinische Gattungsname bezieht sich auf den Botaniker J. G. Kölreuter (1733–1806). Der deutsche Name ist auf die sehr auffällige Frucht zurückzuführen: eine 3–5 cm lange, zugespitzte, dreikantige, aufgeblasene Kapsel, die sich zum Herbst braun oder rot färbt.

Nun schlagen wir den Weg rechts ein, der parallel zum Wasser verläuft. Der erste Baum ist ein zweistämmiger **Taschentuchbaum** (Davídia involuncráta BAILL.), siehe Foto Seite 66. Er ist gut zwanzig Jahre alt. 1869 entdeckte der französische Pater Armand David den bis dahin im Abendland unbekannten Baum in der chinesischen Provinz Yünnan.

Im Mai/Juni schmückt sich der Taschentuchbaum mit zahlreichen blütenweißen (Schein-)Blüten = Hochblättern. Sie dienen als Lockmittel für Insekten. Diesen Blüten verdankt der Baum seinen deutschen Namen, denn blühend sieht es aus, als ob Hunderte von seidenen weißen Tüchern im Geäst hingen. Bis zum Oktober entwickeln sich die 3 cm langen und 2,5 cm breiten tonnenförmigen Früchte an etwa 5 cm langen Stängeln. Zunächst sind die Früchte grün, später werden sie rotbraun (Foto Seite 66).

Links neben dem Taschentuchbaum wächst eine **Schwarznuss** (Júglans nígra L.). Ihr Verbreitungsgebiet ist das östliche Nordamerika, wo sie wegen des hochwertigen Holzes auch forstlich angebaut wird. Ihre wohlschmeckenden Samen sind allerdings in einer dicken Schale verborgen. Auffällig sind die 30–60 cm langen gefiederten Blätter, die im Herbst eine schöne gelbe Farbe annehmen. Ihren Namen „nigra" = schwarz erhielt sie wahrscheinlich wegen ihrer braunschwarzen Borke.

Vor uns direkt auf dem Weg steht eine **Strauch-Kastanie** (Áesculus parviflóra WALT.). Der zweite Name ist **Schwärmer-Ross-Kastanie.** Ihr Verbreitungsgebiet ist der Südosten der USA. Die Blütenkerzen haben kleinere weiße Blüten als die Gemeine Ross-Kastanie, was sich in dem lateinischen Namen ausdrückt: „parvus" = klein, „florus" = blütig. „Schwärmer" wird sie genannt, weil sie durch Schwärmer-Insekten bestäubt wird, die in der Dämmerung durch die duftenden Blüten angelockt werden. An jeder „Kerze" entwickeln sich meist nur zwei bis drei Kastanien. Diese sind glatt, ohne Stacheln.

Wir biegen rechts ein, gehen einige Stufen hoch, so dass wir auf den zuletzt verlassenen Hauptweg zurückkehren, dem wir nach links folgen. Sogleich stoßen wir auf:

7b

Planten un Blomen

Ahorn-Arten

7b Interessante Ahorn-Arten: Feld-, Burgen-, Rot-Ahorn

Bei dem Pavillon-Gebäude finden Sie mehrere Schautafeln mit Einzelheiten zu Planten un Blomen sowie zum „Freundeskreis Planten un Blomen e.V.". Vor dem Pavillon rechts empfängt uns zunächst der noch relativ häufige **Feld-Ahorn.** Sein anderer Name ist **Maßholder.** Die deutlich kleineren Blätter als z. B. beim Spitz-Ahorn sind drei- bis fünflappig. Besonders auffällig sind die „Nasenkneifer-Früchte", da sie waagerecht abstehende Flügel besitzen.

Vier Meter links vom Feld-Ahorn wächst ein etwas schütterer **Burgen-Ahorn** (Acer monspessulánum L.). Selten trägt ein Baum so viele deutsche Namen wie er, nämlich **Französischer Ahorn, Montpellier-, Felsen-** oder wegen seiner leicht bestimmbaren dreilappigen Blätter auch **Dreilappen-Ahorn.** Seine häufig rötlichen „Nasenkneifer-Früchte" sind fast parallel nach unten

gebogen. In Hamburg ist diese Ahorn-Sorte rar. Wenige Meter hinter diesem Ahorn steht an der Wegecke rechts ein etwa zwei Meter hoher Strauch: Der seltene **Losbaum** (s. nächstes Kapitel).

Wenn Sie mit dem Rücken zum Burgen-Ahorn stehen und auf die Wasserfläche schauen, werden Sie einen freistehenden, kleinen **Rot-Ahorn** (Acer rúbrum L.) erblicken – nicht zu verwechseln mit den roten Kultursorten von Spitz- oder Berg-Ahorn! Beim Rot-Ahorn sind die Blüten rot. Sie erscheinen meist vor dem Laubausbruch. Die Früchte sind ebenfalls rot. Vor allem ist jedoch die wunderschöne rosa bis kirschrote Herbstfärbung der Blätter typisch (Herbstfärbung vom Rot-Ahorn s. Register).

Wir folgen dem Weg geradeaus. Linker Hand liegt der zum See abfallende Rasen. Auf der rechten Seite wachsen Büsche.

7c   Spektakuläre Großsträucher:
Blauschote und Losbaum

Zwischen diesen Büschen stehen mehrere **Blauschotensträucher** (Decáisnea fargésil FRANCH.). Der auch **Blaugurke** genannte Strauch macht durch seine spektakulär-dekorativen bohnenähnlichen, kobaltblauen und bis zu 10 cm langen Früchte auf sich aufmerksam.

7c

Planten un Blomen

Blauschote und Losbaum

Die spektakulären Früchte der Blauschote (Oktober 2008)

Die hübschen Früchte des Losbaums (November 2009)

Linke Seite:
Die bis zu 16 cm langen weißen Hochblätter („Blüten") des Taschentuchbaumes lassen an seidene Taschentücher oder große Schmetterlinge denken (Mai 2008)

Am Ende des Weges finden wir hinter einer Bank einen etwas versteckten **Japanischen Losbaum** (Clerodéndrum trichótonum THUNB. var. fargésil (DODE) REHD.). „Los" ist im Sinne von „Schicksal" gemeint (Griechisch: „kleros"). Der Los-„Baum" hier ist ein hoher Großstrauch. Im Flottbeker Botanischen Garten gibt es einige richtige Los-„Bäume". Der aus Asien stammende Losbaum hat weiße und duftende Blüten. Im Herbst fallen besonders die spektakulären Früchte auf: Es sind leuchtend stahlblaue beerenartige Steinfrüchte, die auf einem vergrößerten, rosa verfärbten Kelch sitzen.

7d Gewaltige Pappeln, Zimt-Ahorn, Kiwi und Mammutbaum

Sie könnten jetzt den Weg links hinunter und dann rechts am Parksee vorbeigehen in Richtung Kongresszentrum. Sehr bald werden Sie rechter Hand die größten Bäume dieser Parkanlage erkennen: mächtige **Pappeln,** die am Hauptweg stehen. Eine von ihnen hat drei und eine andere vier wuchtige Stämme, die wie Säulen gen Himmel streben.

Zehn Meter links von der dreistämmigen Pappel am Hauptweg, der zum

Die Früchte der Chinesischen Schönfrucht machen ihrem Namen alle Ehre (Oktober 2010)

Die prächtige Hänge-Buche am Rande des Japanischen Gartens (Januar 2010)

68

Ausgang Dammtor führt, wachsen zwei kleine Ahornbäume. Wie man an der zimtfarbenen Rinde erkennt, die sich in papierdünnen Streifen abrollt, handelt es sich um den seltenen **Zimt-Ahorn** (Acer griséum (FRANCH.) PAX), auch **Papier-Ahorn** genannt. Seine „Ahorn-Nasenkneifer" sind mit 3–7 cm langen Flügeln vergleichsweise groß und stehen etwa rechtwinklig zueinander. Die Blätter sind dreiteilig.

Wenn Sie mögen, könnten Sie den Hauptweg noch ein wenig Richtung Dammtor gehen. Rechts am Weg steht eine weit ausladende mehrstämmige **Kaukasische Flügelnuss.** Zwischen ihr und dem sich daran anschließenden Japanischen Garten wachsen an mehreren Stellen Sträucher der beliebten und äußerst schmucken **Chinesischen Schönfrucht** (Callicárpa), bekannter unter dem populären Namen **Liebesperlenstrauch.** Ihre lilarosa Blüten (Juli/August) sind etwas versteckt. Dagegen sind die blau-violetten, 4 mm großen, beerenartigen Steinfrüchte umso auffälliger.

7d

Planten un Blomen

Schönfrucht

Früchte und Blätter der seltenen „Kiwi-Pflanze" (Scharfzähniger Strahlengriffel). Beginnende Herbstfärbung (Oktober 2009)

Die Farnblättrige Buche präsentiert uns ein unglaubliches Ast-Gewirr (Dezember 2008)

Der deutsche Name ist eine wörtliche Übersetzung des Griechischen „kallos"
= schön und „karpos" = Frucht.

Rechter Hand befindet sich der vom japanischen Landschaftsarchitekten
Prof. Yoshikuni Araki 1988 geschaffene japanische Landschaftsgarten. Es ist
ein Meisterwerk, das durch das leuchtende Rot verschiedener japanischer
Zier-Ahorne und das strahlende Gelb mehrerer **Ginkgos** besonders im Herbst
eine wahre Augenweide darstellt. Am Rande des japanischen Gartens wächst
hinter dem Teehaus eine imponierende **Trauer-Buche** (Hänge-Buche) mit
einem unglaublichen Äste-Gewirr. Sie wird durch einen Drahtzaun geschützt
(Foto S. 68).

Wir gehen nun zügig auf dem Hauptweg zurück zum Eingang Rentzel-
straße. Am rechten Rand von Planten un Blomen befindet sich der Rosengarten. Wegen der Erweiterung des CCH-Gebäudes wurde er leider deutlich ver-
kleinert. Aber auch in seiner heutigen Form ist er wegen seiner zahlreichen
Rosensorten durchaus einen Besuch wert. An den Rosengarten schließt sich
das Rosenhof-Café an.

Rechts des Cafés können Sie an der Pergola die in Hamburg nur an wenigen Stellen vorkommende **Kiwi-Pflanze** (Actinídia argúta (SIEB. et ZUCC.)
PLANCH. ex MIQ.) finden. Sie stammt aus Asien, zeigt im Herbst gelbe Blätter und kleine, wohlschmeckende süße Früchte (Foto S. 69).

Linker Hand auf der großen Rasenfläche fällt ein allein stehender, noch
kleiner, kegelförmiger **Mammutbaum** auf.

Wir schlagen jetzt den Weg links vor dem Musikpavillon ein und nehmen
dann gleich den ersten Weg rechts. An seinem rechten Rand wächst eine stäm-
mige **Schwarz-Kiefer.** Darauf folgt eine eindrucksvolle **Farnblättrige Buche**
(Fágus sylvática ‚laciniáta') mit einem wunderbaren kompakten Wuchs: Dicht
über der Erde setzen die ersten der überaus zahlreichen Äste an (Foto S. 69).

Am äußersten rechten Rand der links gelegenen Rasenfläche leuchtet im
Herbst das Gelb eines männlichen Solitär-Ginkgos. Wir gehen hinunter zu
der Reihe der kleinen Teiche. Rechts der Teiche treffen wir zunächst auf zwei
Urwelt-Mammutbäume. Links von ihnen stehen mehrere **Sumpf-Zypressen.**

7e   Zweimal „A…" sagen: *Aralie* und *Albizia*

Direkt am Wasser wächst ein interessanter Großstrauch. Er ist sehr auffäl-
lig und in dreifacher Hinsicht bemerkenswert, nämlich wegen seiner Blätter,
Blüten und Früchte. Es handelt sich um eine Chinesische
Aralie (s. Wohlers Park).

Ein anderer Name ist **Angelicabaum.** Wegen seiner Stacheln wird er populär auch „**Teufelsspazierstock**" oder „**Teufelskrückstock**" genannt.

Die stachelbewehrten Zweige tragen gewaltig zu nennende wechselständige Laubblätter, die bis zu einem Meter lang werden können. Sie sind ein- bis dreifach gefiedert.

Der ebenfalls ungewöhnlich große, endständige, aufrechte Blütenstand wird bis zu 45 cm breit. Er setzt sich aus cremig-weißen doldigen Teilblütenständen zusammen.

Im Herbst entwickeln sich daraus entsprechend mächtige Fruchtstände. Die beerenartigen, tiefblau bis schwarzen Steinfrüchte sind bei Vögeln beliebt.

Wenige Meter weiter direkt am Wasser folgen mehrere Japanische **Zier-Ahorn-Arten** sowie eine gelb- und eine rotblühende

7e

Planten un Blomen

Aralie und Albizia

Die eindrucksvolle Blüte der Aralie (Angelicabaum, August 2009)

Reicher Fruchtbehang der Aralie (Oktober 2009)

Hamamelis (Zaubernuss), die als Frühblüher bereits Anfang Februar mit ihren schönen Blüten den Vorfrühling einläuten.

Der nächste „Baum", vier Meter rechts des Weges, ist ein kleines Bäumchen. Das ist das zweite „A…" , nämlich eine

Albizia (Albízia julibríssin DURAZZ.).

Die beiden anderen hübschen Namen lauten **Seiden-Akazie** und **Seiden(rosen)baum.** Wie Sie sehen, ist diese Albizia erst 3 m groß und wird noch an mehreren Seiten gestützt. Gepflanzt wurde sie erst im Jahr 2009.

Heimisch ist diese Baumart von Persien bis Zentralchina. Als Wärme liebende Pflanze fühlt sie sich in Europa besonders im Mittelmeergebiet wohl.

Sie ist für Hamburg eine Kostbarkeit, da es außer ihr nur einige wenige Exemplare wie z. B. im Flottbeker Botanischen Garten und eine größere Albizia in Wedel gibt.

Was macht diese Baumart so attraktiv? Es sind in erster Linie die wunderhübschen zarten Blütenbüschel. Sie sind sehr fein und wirken so, als ob sie aus Seide hergestellt seien. Zahlreiche dünne, hellrosa, 4 cm lange Staubfäden bilden zusammen einen auffälligen Pinsel. Diese quastenartigen Blüten sind zur Blütezeit im Juli / August weithin sichtbar.

Die 20–30 cm langen Blätter sind doppelt gefiedert und lang gestielt. Die Früchte sind bis 15 cm lange Hülsen.

„Albizia" geht auf den Florentiner Naturforscher Albizzi zurück, der im 18. Jahrhundert lebte.

Wenn Sie mit dem Rücken zum Wasser an der Albizia vorbeischauen, können Sie noch einen Blick auf zwei weitere bemerkenswerte Bäume werfen. In einer Entfernung von zirka zwanzig Metern wächst eine **Pontische Eiche** (Quércus póntica K. KOCH) in strauchiger, kugeliger Form und mit vielen Ästen, die ganz dicht über dem Boden ansetzen. Die 10–30 cm langen Blätter sind breit-oval und scharf gezähnt.

Zehn Meter hinter der Pontischen Eiche steht eine besonders kräftige **Kornel-Kirsche** (Córnus mas. L.). Aus ihrem vergleichsweise dicken Stamm entwachsen zahlreiche tief ansetzende Äste, die bereits im März mit Hunderten von gelben Blüten und im Herbst mit zahlreichen roten bis 2 cm langen Steinfrüchten geschmückt sind. Diese sind essbar, säuerlich und eignen sich auch zur Marmeladenherstellung.

Hier beenden wir diesen Rundgang.

Oben:
Die dickstämmige
Kornel-Kirsche hat zahl-
reiche Äste (März 2010)

Linke Seite oben:
Drei verschiedene
Japanische Zier-Ahorn-
Arten (Oktober 2009)

Linke Seite unten:
Die feinen Blüten der
seltenen Albizia
(Seiden-Akazie,
August 2009)

8   Alter Botanischer Garten

Metrobusse 4, 5, 109 sowie U-Bahn Stephansplatz
S-Bahn Dammtor-Bahnhof

Dieser Rundgang ist eine Ergänzung zum Bd. II, Rundgang 1, S. 15 ff.

8a   Von der Blutspflaume zum Papier-Maulbeerbaum

Gleich am Eingang zum Alten Botanischen Garten, gegenüber der ehemaligen Alten Post, begrüßt uns rechts neben der Treppe eine **Blutspflaume.** Ihre Blüten sind normalerweise rosa. Dieses Exemplar ist eine „Prúnus trailblazer", eine Kreuzung zwischen der üblichen Prúnus cerasífera nígra und einer Japanischen Blutspflaume. Im April verwandelt sie sich in ein üppiges, weißes Blütenmeer. Die rundlichen Früchte sind 2–3 cm dick.

Hinter der Blutspflaume wächst eine **Blumen-Esche.**

Gleich links am See finden Sie einen halbrunden Aussichtsplatz. Rechts von ihm wächst eine schöne alte **Trauer-Weide** (Sálix x chrysocóma), eine Kreuzung aus der echten asiatischen Trauer-Weide und der heimischen Silber-Weide.

Auf dem Aussichtsplatz hat der Botanische Verein zu Hamburg eine Schautafel aufgestellt – eine der elf „Entdeckerstationen". Sie trägt den Titel

„Der alte Haupteingang". Alle elf Schautafeln der Entdeckerstationen berichten viel Wissenswertes über die Pflanzen und ihre Umgebung. Über die Entdeckerstationen gibt es ein kleines Prospektblatt, das Sie kostenlos in den Tropengewächshäusern des Gartens erhalten können.

Wir gehen jetzt zur rechten Seite des Sees hinunter. Links des Weges wächst eine **Schwarznuss.** Im Herbst färbt sie sich sehr schön gelb und hängt voller Früchte.

Der erste Baum rechts am Weg ist ein **Pfaffenhütchen:** Bei diesem Exemplar, das wegen seines kräftigen Stammes durchaus die Bezeichnung „Baum" verdient, handelt es sich um die aus China stammende Art Evónymus (Euónymus) bungeánus MAXIM.

Einige Meter weiter werden Sie oben am Hang oberhalb der „Entdeckerstation Alpinum" die allein stehende **Libanon-Eiche** (Quércus líbani OLIV.) erblicken. Typisch sind ihre 5–10 cm langen Blätter, deren neun bis zwölf Paar Seitenadern in Blattzähne münden.

Am Wasser links wächst eine **Gold-Erle** (vgl. Kapitel Planten un Blomen). Dahinter folgt eine **Sumpf-Zypresse.** Auf der rechten Seite am Hang wird Ihnen dann eine schräg gewachsene, von einem Eisengerüst gestützte **Gemeine Walnuss** auffallen.

8a

Alter Botanischer Garten

Blutspflaume, Papier-Maulbeerbaum

Innen: Früchte und Blatt des Papier-Maulbeerbaumes (Oktober 2008)

Außen:
Cissusblatt-Ahorn. Deutlich zu erkennen sind die dreizähligen gestielten Einzelblätter und die zierlichen, nach unten gebogenen Früchte, die in Trauben von 20 bis 50 Stück nach unten hängen

Linke Seite:
Im April schmücken die blühende Blutspflaume und die blühende Trauer-Weide den Eingang zum Alten Botanischen Garten. Im Hintergrund rechts: die noch unbelaubte Blumen-Esche (April 2010)

Schon von hier aus können Sie in einiger Entfernung, rechts siebzig Meter hinter der Brücke, eine knorrig gewachsene **Morgenländische = Orient-Platane** (Plátanus orientális L.) erspähen. Der Stamm dieses Individuums ist wegen seiner zahlreichen Knorpel, Warzen und Verwachsungen durchaus bemerkenswert, aber nicht typisch für Orient-Platanen.

Diese in Hamburg relativ seltene Art unterscheidet sich von der gemeinen Ahornblättrigen Platane durch tief eingeschnittene fünf- bis siebenlappige Blätter. Ihre Fruchtkugeln treten zu drei bis sechs Exemplaren in lockeren Fruchtständen auf. Im Kapitel 9c werden Ihnen weitere Morgenländische Platanen vorgestellt.

Wir verlassen den Weg und steigen noch vor der Brücke rechts auf einem Pfad in höhere Gefilde hinauf. Auf dem rechten Teil der Terrasse sehen Sie eine dendrologische Rarität: Der von Eisenstangen abgestützte Baum ist ein weiblicher **Papier-Maulbeerbaum** (Broussonétia papyrífera (L.) VENT.). Diese zweihäusige Baumart kommt in der Hansestadt nur in ganz wenigen Exemplaren vor. Der Gattungsname geht zurück auf den französischen Naturforscher Broussonet (1761–1807).

Die 7–20 cm langen Blätter sind eiförmig. Sehr auffällig sind die kugeligen, bis 2 cm großen, roten Scheinfrüchte, in deren Mitte sich eine Steinfrucht befindet. Erst seitdem vor einigen Jahren in einer Entfernung von etwa acht Metern ein männliches Exemplar gepflanzt wurde, trägt der weibliche Baum Früchte, die man übrigens auslutschen kann.

Wir passieren nun einen **Ginkgo,** der rechts oberhalb der Treppen wächst.

8b   Stein-Weichsel, Gurken-Magnolie, Zelkove

Linker Hand, am Rand des Weges über die Brücke steht die bei uns seltene **Stein-Weichsel** (Weichselkirsche), die sich in 1,80 m Höhe in drei Stämme teilt (vgl. 4a). Vor uns rechts auf der Terrasse erfreut uns der im Mai herrlich blühende **Judasbaum** (Foto S. 77). Wir gehen geradeaus zwischen einer kugelig gewachsenen **Bitter-Orange,** ausgeschildert mit Poncírus trifoliáta (L.) RAF, und den rechts liegenden Tropengewächshäusern entlang auf die nach oben führenden Treppen zu.

Links neben der Treppe folgt nach einer **Bitternuss** eine am Hang etwas schräg stehende mittelgroße **Scharlach-Eiche** (Quércus coccínea MUENCH H.). Wie der lateinische Name ‚coccínea' ausdrückt, haben die Blätter im Herbst eine leuchtend scharlachrote Farbe. Bei diesem Exemplar ist die intensive Färbung besonders deutlich und weithin von der anderen Seite des Teiches erkennbar.

Rechts neben der Treppe werden Sie zuerst eine **Gemeine Hopfenbuche** (Ostrya carpinifólia SCOP.) entdecken. Etwas weiter oben rechts folgt eine stattliche **Gurken-Magnolie** (Magnólia acumináta L.). Diese Magnolienart ist in den östlichen USA ein Waldbaum. Ihre gelb-grünen Blüten sind eher unscheinbar. Dagegen trägt sie auffällige, aufrecht stehende Früchte, die 5–8 cm lang sind. Im Sommer sind sie gurkenähnlich grün, im Herbst färben sie sich rot.

Sechs Meter neben der Magnolie wächst vor dem Zaun eine große, zweistämmige **Japanische Zelkove** (Zélkova serráta (THUNB.) MAKINO). Zelkoven sind in Hamburg nicht häufig vertreten und schon gar nicht ein so großes Exemplar.

Zelkoven zählen zu den Ulmengewächsen, so dass sie z. B. auch nicht gefeit sind gegen die sogenannte Ulmenkrankheit. Im Gegensatz zu Ulmen sind ihre scharf gesägten Blätter symmetrisch, d. h. die Blatthälften sind gleich groß. Ihre Früchte sind unscheinbar.

Direkt vor uns am Weg wächst ein Baum, den man spontan als „Kletterbaum" bezeichnen würde. Es ist eine skurril gewachsene sehr seltene Ahorn-Art mit mehreren deutschen Bezeichnungen wie **Cissusblatt-, Jungfern-** oder **Jungfernrebenblatt-Ahorn,** (Acer cissifólium (SIEB. & ZUCC.) K.KOCH), siehe Foto

8b

Alter Botanischer Garten

Stein-Weichsel, Cissusblatt-Ahorn

Blütenrausch beim Judasbaum (Anfang Mai 2009)

S. 75. Die auffälligen dreizähligen Blätter sind scharf grob gesägt – ganz im Gegensatz zu den sonst ähnlichen Blättern des Nikko-Ahorns.

Wir folgen dem Weg, der wegen seiner vielen Narzissen an seinem linken Abhang auch Narzissenhang genannt wird, und kommen an einem **Ginkgo** und dann an einer **Pontischen Eiche** vorbei, die beide links am Weg stehen. Zehn Meter weiter, rechts, hinter den Bänken und ganz dicht hinter dem Zaun wächst ein großer **Surenbaum.** Auf diese interessante Baumart kommen wir gleich noch zu sprechen.

Der Weg führt uns abwärts. Auf seiner rechten Seite am Hang gegenüber dem Eisengitter wächst eine **Orient-Buche** (Fágus orientális LIPSKY), die sich von unserer europäischen Buche durch größere Blätter (6–11 cm) mit acht bis zwölf Seitenadern deutlich unterscheidet.

Unten angekommen, gehen wir direkt auf die zweistämmige **Stink-Esche** zu. Die Bezeichnung „Stink-Esche" ist auf den starken Geruch der weißen Blüten zurückzuführen, der insbesondere Bienen sehr anlockt.

Die Blätter sind unpaarig gefiedert. Die Früchte sind rötlich-schwarze Kapseln mit hakenförmigem Ende. Im Oktober kann man von der Jungius-Brücke aus sehr schön die leuchtenden Früchte erkennen (Blüten und Früchte, s. Fotos, Bd. II, S. 20).

Wir steigen jetzt die links vor uns liegenden Steintreppen hoch. Beachten Sie bitte die **Sumpf-Zypresse** links am Fuß der Treppen. Bei ihr kann man sehr schön die für diese Baumart typischen Atemknie erkennen. Diese „Atem-wurzeln" versorgen die Bäume an nassen Standorten mit Sauerstoff.

Oben schlagen wir den ersten Weg links ein. Nach dreißig Metern, rechts des Weges stoßen wir auf zwei Seltenheiten:

8c   Chinesischer Baumhasel und Surenbaum

Die **Chinesische Haselnuss** (Corylus sinénsis Franch.) wird allgemein als die schönste der Baumhaselarten angesehen. Dieses mehrstämmige Pracht-exemplar ist eine Besonderheit: Es ist knapp 20 m hoch und hat einen Stamm-umfang von 3,15 m (in 30 cm Höhe gemessen).

Der sehr starke Baum dürfte der größte oder einer der größten seiner Art in der Bundesrepublik sein. Sein Alter ist schwer zu schätzen. Als gesichert gilt, dass er nicht älter als 120 Jahre ist, denn dieser südlich des Wallgrabens gelegene Bereich kam erst 1889 zum damaligen Botanischen Garten hinzu.

Nur fünf Meter hinter dieser Haselnuss wächst der seltene, ebenfalls aus China stammende **Chinesische Surenbaum** (Toóna sinénsis (A. JUSS.) ROEM).

8c

Alter Botanischer Garten

Chinesischer Baumhasel, Surenbaum

Oben: Der Chinesische Surenbaum hat eindrucksvolle große gefiederte Blätter und prächtige weiße Blütenrispen (August 2009)

Links: Der mächtige Chinesische Baumhasel – einer der größten seiner Art in Deutschland (August 2008)

Unten: Vorjährige Fruchtkapseln des Chinesischen Surenbaums – vom Autor an der typischen längsrissigen Borke zum „Fototermin" befestigt (März 2010)

79

Diese bemerkenswerte Baumart gehört zu der Familie der Mahagonigewächse. Der Surenbaum besitzt 40–60 cm lange gefiederte Blätter und 20–26 Einzelblättchen. Er zeigt uns besonders interessante, pyramidenförmige, weiße Blüten, die in 30–50 cm langen Rispen herunterhängen.

Im unbelaubten Zustand fällt insbesondere die braune, stark rissige, in Streifen von oben nach unten abreißende Borke auf.

Nun möchte ich Sie noch auf die ebenfalls an diesem Weg wachsende **Amerikanische Linde** (Tilia americána L.) hinweisen. Diese kleine, etwas schräg gewachsene Linde finden Sie links am Weg direkt rechts neben einer zum See hinunterführenden Treppe mit einem Eisengeländer. Wegen ihrer extrem großen Blätter, die bis über 20 cm lang werden können, wird sie auch **Amerikanische Großblatt-Linde** genannt.

8d   Blauglocken-, Schneeglöckchenbaum, Hanf-Palme

Im Mai könnten Sie sich noch an den hübschen blauen Blüten des **Blauglockenbaums** (Paulownie) erfreuen. Er steht ganz in der Nähe, rechts oberhalb, an der rechten Ecke des Cafés Schöne Aussichten.

Folgen Sie jetzt dem Hauptweg rechts oberhalb des Sees zum Ausgang zurück. Etwa zwanzig Meter hinter der Brücke wächst rechts vor der Mauer ein kleiner **Schneeglöckchen-Baum** (Halésia Carolína L.). Am Ende des Weges, linker Hand vor dem Aussichtsplatz, werden Sie zunächst von einer zweistämmigen direkt am See stehenden **Kaukasischen Flügelnuss** und darauf von einer **Chinesischen Hanf-Palme** (Trachycarpus fortunei (HOOK.) H.WENDL.) verabschiedet.

Letztere gilt ein wenig als Symbolbaum für das sich langsam erwärmende Klima (s. „Klimawandel mal anders. Was tun?", S. 64). Diese Palmen sind zweihäusig. Besonders dekorativ sind die großen Blütenstände: Die männlichen sind 70–90 cm lang und mit auffällig gelben Blüten besetzt, die Blütenstaub absondern. Die weiblichen Blütenstände sind hellgrün und mit weniger Blüten ausgestattet.

Männliche Blüten der Chinesischen Hanf-Palme (Mai 2009)

9 Vom Gustav-Mahler-Park zur Außenalster

S-Bahn und Metrobusse 4, 5, 109 bis Dammtor-Bahnhof, U-Bahn Stephansplatz

9

Gustav-Mahler-Park, Außenalster

Platanen, Tulpenbaum

Der Gustav-Mahler-Park wurde zu Ehren des Komponisten und Musikers Gustav Mahler (1860–1911) benannt. Er war von 1891 bis 1897 Erster Kapellmeister am benachbarten Hamburger Stadtthe-ater.

Wir betreten den kleinen Park neben dem CinemaxX-Kino und gehen links an dem von J. Lippelt und C. Boerner geschaffenen Schiller-Denkmal vorbei. Zunächst fallen mehrere **Platanen** auf.

9a Platanen als Zeitzeugen der Stadtgeschichte

Insbesondere die prächtige **Platanen-Dreierbande** imponiert. Die mächtigste Platane dürfte bei einem Umfang von vier Metern mindestens 130 Jahre alt sein. Damit ist sie Zeugin früherer Zeiten: Lange vor der Kino-Eröffnung im Jahre 1996 kannte sie bereits Anfang des 20. Jahrhunderts das Dammtor-Café und den Nachfolger Münchener Hofbräuhaus, die früher an der Stelle des Kinos gestanden hatten.

Auch ihr Gegenüber hat sie noch völlig anders erlebt: Das heutige Spielcasino Esplanade, vormals das „Phrix-Haus", von den Architekten Boswau und Knauer erbaut, wurde 1907 als Grand Hotel unter dem Namen „Hotel Esplanade" eröffnet. Ein-zelheiten zu diesem historischen Prachtgebäude und zur vorneh-men Allee Esplanade können Sie den links neben dem Hauptein-gang des Casinos und an dem Haus Esplanade 37 angebrachten Tafeln entnehmen.

Nicht erwähnt auf den Tafeln ist der lange Kampf der dama-ligen Angestellten, Arbeiter und Betriebsräte der Phrix Werke AG, den diese 1970/71 zusammen mit der IG Chemie gegen die viertausend Kündigungen und gegen die „Abwicklung" des Unternehmens durch den damaligen Eigentümer BASF geführt hatten. In dem bekannten und vielfach preisgekrönten Film von Rolf Schübel „Rote Fahnen sieht man besser" sind diese turbu-lenten Ereignisse bestens dokumentiert.

Wir passieren die Platanen und kommen an einer mittelgroßen **Trauer-Buche** vorbei.

9b Gelbe Kastanie, Streifen- und Zoeschen-Ahorn

Direkt rechts am Weg wächst eine Kastanie. An ihrem Stamm ist in 40 cm Höhe sehr schön die Pfropfstelle zu erkennen. Dadurch wurde sie zu einer der wenigen **Gelbblühenden Kastanien** (Aesculus fláva SOL.) in Hamburg.

Dreißig Meter weiter treffen wir auf eine bei uns seltene Ahorn-Art: **Davids Streifen-Ahorn** (s. 10c). An diesem nicht sehr großen, dreistämmigen Exemplar sind die von oben nach unten am Stamm verlaufenden Streifen gut sichtbar. Leider ist der linke Stamm stark beschädigt.

Wenige Meter dahinter, rechts am Rande der Rasenfläche, wächst ein mittelgroßer **Tulpenbaum.** Wenn Sie hinter diesem Baum zwischen den beiden Gebäuden zur Esplanade einen kleinen Abstecher machen mögen, werden Sie direkt vor Ihnen auf dem Bürgersteig eine sehr hoch gewachsene **Gleditschie** erblicken. Sie ist der einzige grüne Lichtblick auf dem Trottoir inmitten eines Meeres von Beton- und Glasbauten!

Wir setzen unseren Weg durch den Gustav-Mahler-Park fort. Links auf der Rasenfläche steht, umgeben von Büschen, eine kleinere **Gleditschie.** Zwei weitere mittelgroße Bäume dieser Art säumen den rechten Wegrand kurz vor dem Ende des Parks.

Beim Verlassen des Parks empfangen uns als erste Straßenbäume sofort drei mittelgroße **Schnurbäume.** Im Juli / August sind sie mit ihren feinen weißen Blütentrauben behangen. Im Herbst erfreuen sie uns mit ihrem gelben Blätterwerk.

Wenn Sie eine weitere interessante Ahorn-Art ansehen möchten, sollten Sie einen kleinen Umweg rechts bis zum Neuen Jungfernstieg machen. Rechts vom Patrizierhaus Nr. 19 (Informationstafel am Haus), eingekesselt von Gebäuden, behauptet sich tapfer ein einsamer **Zoeschen-Ahorn** (Acer x zoeschénse PAX), eine Kreuzung von Feld- und Lobels Ahorn.

Wir bleiben bei unserem Rundgang Richtung Außenalster, gehen zunächst links unter der Bahnunterführung durch und dann geradeaus in die Warburgstraße hinein. (Der jetzt folgende Teil ergänzt den Rundgang Nr. 3, Bd. I, S. 64 ff.)

An der Ecke Warburgstraße / Alsterterrasse wächst im Vorgarten eine überdurchschnittlich hoch gewachsene **Gleditschie.** Wir biegen in die Alsterterrasse rechts ein, gehen bis zur Außenalster und dann nach links zunächst immer an der Außenalster entlang. Sehr bald erblicken wir links des

Weges einen eindrucksvollen **Schnurbaum.** Mit einem Umfang von 5,30 m ist es sicherlich der mächtigste seiner Art in Hamburg. Wahrscheinlich wurde er um 1850 als Parkbaum gepflanzt.

Rechts am Weg folgt ein mittlerer **Tulpenbaum,** dahinter wächst neben mehreren Buchen ein immergrüner **Mammut-baum.** Wir setzen unseren Weg fort bis zu der nächsten Straße, der Fontenay. An ihrem Beginn steht das etwas pompöse Denkmal mit der Aufschrift

„Den tapferen Söhnen, die dankbare Vaterstadt. 1870–1871. Für das 2. Hanseatische Infanterie Regiment No. 76." – Es folgen die Namen der Gefallenen.

9c

Gustav-Mahler-Park, Außenalster

Nelken-Kirschen

9c Rosa und Rot: Nelken-Kirschen, Rot-Ahorn, Blut-Buchen

Diese Ecke ist im April besonders hübsch. Dann wird sie von den um das Denkmal gepflanzten **Japanischen Nelken-Kirschen** in ein rosa Blütenmeer verwandelt.

Im Herbst sorgen die drei kleineren **Rot-Ahorne** auf der gegenüberliegenden linken Straßenseite der Fontenay durch ihr leuchtendes Rot für eine Augenweide.

Auf der rechten Straßenseite wachsen vor dem Hotel Intercontinental mehrere imposante **Orient-Platanen.** An ihren weit

Herbstlicher Tulpen-baum (Liriodendron). Rechts hinter dem Eibenbusch der bereits entblätterte Davids Streifen-Ahorn (November 2009)

Oben:
Blühende Nelken-
Kirschen beim
Krieger-Denkmal
zwischen Außen-
alster und Fon-
tenay (April 2009)

Unten:
Dreimal Rot-
Ahorn im Herbst-
kleid (November
2009)

*Die typischen tief eingeschnittenen
Blätter und die zahlreichen Früchte der
Orient-Platane (Juli 2009)*

herabhängenden Ästen sind die tief eingeschnittenen Blätter und die Fruchtstände sehr gut erkennbar. Durch beide unterscheidet sich diese in Hamburg
nicht sehr häufige Platanenart deutlich von den gemeinen Ahornblättrigen
Platanen. Auf der anderen Straßenseite unmittelbar vor der links abgehenden
Fontenay-Allee grüßt ein besonders hochgewachsener **Götterbaum.**

Eine Fortsetzung des Weges links an der Alster entlang lohnt sich allein
schon wegen der herrlichen **Blut-Buchen,** z. B. im Harvestehuder Weg vor
den Haus-Nummern 10, 16/16a, 18, 21 und neben der Nr. 39.

9c

**Gustav-Mahler-
Park, Außenalster**

Nelken-Kirschen

Rechts:
Der urige Stamm
(Umfang 5,50 m) der
Blut-Buche am Eingang
vom Harvestehuder Weg
16/16a (April 2009)

Linke Seite:
Eine der großen Blut-
Buchen rund um die
Außenalster. Hier:
Neben dem Haus
Harvestehuder Weg 8b
(April 2009)

Nächste Doppelseite:
Die imposante Blut-
Buche mit weit ausla-
denden Ästen, die fast
bis zur Erde reichen.
Standort: neben dem
Haus Harvestehuder
Weg 39 (April 2009)

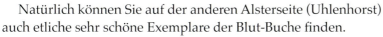

 Natürlich können Sie auf der anderen Alsterseite (Uhlenhorst) auch etliche sehr schöne Exemplare der Blut-Buche finden.

 Rückweg: Vom Mittelweg mit dem Bus 109 z. B. zum Dammtor-Bahnhof. Oder mit der U-Bahn ab Hallerstraße oder Klosterstern.

10 Stadtpark

U 3 Saarlandstraße

Bereits im Band II bot ich Ihnen einen Rundgang durch den Stadtpark an (Bd. II, S. 119 ff.).

Heute stelle ich Ihnen einen weiteren Spaziergang in dieses Gebiet vor, den Sie als Ergänzung oder aber auch als eigenständigen Rundgang durchführen können.

Von der U-Bahn Saarlandstraße gehen Sie zügig zum Stadtpark, rechts durch die schöne Kastanienallee am Stadtpark-Freibad vorbei, an dessen Ende Sie dem Weg rechts folgen in Richtung Pinguin-Brunnen.

Beim ersten Weg biegen Sie halblinks ein und sehen rechts neben dem Weg die Skulptur aus Muschelkalk „Tanzende Mädchen" von Karl August Orth (1935). Unmittelbar dahinter befindet sich die breit ausladende und mehrstämmige **Wintergrüne Eiche.** Etwa 20 Meter links von ihr auf einer kleinen Rasenfläche wächst ein **Blauglockenbaum (Paulownie)** (s. Bd. II, S. 121).

10a Japanische Schirmtannen, Parrotien und ...

Wiederum etwa 20 Meter entfernt gegenüber, rechts auf der Rasenfläche, stehen dicht nebeneinander drei kleine **Japanische Schirmtannen.** Ihren Namen verdankt diese Baumart den quirlständigen und schirmförmig ausgebreiteten Nadeln (s. Bd. II, S. 109, Hirschpark).

Ganz in ihrer Nähe wächst eine dekorative **Mähnen-Fichte** (Pícea breweriána S. WATS.), deren anderer Name **Siskiyou-Fichte** ist. Sie ist wegen ihrer bis zu 2 m langen Schleppen eine der schönsten Fichtenarten. Sie wurde in den Siskiyou-Bergen (USA) 1855 von W. H. Brewer entdeckt.

Sie folgen dem parallel zum See verlaufenden Hauptweg, bis Sie nach ca. 100 Metern die breite nach rechts verlaufende Platanenallee erreichen. Bevor Sie in diese einbiegen, könnten Sie sich an einer links am Wegesrand aufgestellten Tafel „Historischer Stadtpark-Rundgang" informieren, wie dieser Teil des Parks in der Vorkriegszeit ausgesehen hat.

Wir gehen jetzt auf der linken Seite der Platanenallee hoch, die 2002 durch die Anpflanzung zahlreicher Jungplatanen erneuert wurde. Dadurch wurde die ursprüngliche Sichtachse auf den See wiederhergestellt. Nach knapp 100 Metern gelangen wir zu einem Weg, an dessen Biegung ein mit Graffiti verzierter Müllcontainer steht. An dieser Wegecke wachsen wenige Meter links neben der Platanenallee zwei kleine Gruppen von jeweils mehreren

*Die an Platanen
erinnernde Rinde der
Parrotie und die bereits
Ende Januar ange-
schwollenen Blütenknos-
pen. Im Februar/März
werden sie mit leuchtend
roten Staubgefäßen voll
aufgeblüht sein. Der
Laubaustrieb erfolgt
danach*

mehrstämmigen **Parrotien** (Persisches Eisenholz). Diese Baumart wird kaum
höher als 12 m. Die einzelnen Stämme stehen gebüschartig dicht nebeneinander. Parrotien zeichnen sich durch drei Merkmale aus: Ihre abblätternde
Schuppenborke erinnert stark an Platanen, die kleinen roten Blüten erscheinen bereits im Februar bis März vor dem Laubausbruch, und im Herbst
erfreut uns der Baum mit zum Teil leuchtend roten und gelben Blättern.

Unmittelbar hinter den Parrotien biegen Sie links in den Weg ein. Nach
etwa 50 Metern sehen Sie hinter der nächsten Wegkreuzung rechts neben
dem Weg die in Hamburg nicht häufige **Orient-Buche,** eine Baumart, die wir
schon im Alten Botanischen Garten antrafen.

Links des Weges dicht hinter der Wegkreuzung wächst ein kleinerer **Baumhasel.** Hinter ihm steht eine große **Persische Eiche** (Quércus macranthéra

FISCH. et MEY.) mit einem Stammumfang von 2,65 m. Ihre Blätter sind unterseits graufilzig und größer als die der Stiel-Eiche.

Etwa auf gleicher Höhe mit der Persischen Eiche – jedoch rechts des Weges – stoßen wir auf einen weiteren in Hamburg seltenen Baum. Es handelt sich um das aus dem Südosten der USA stammende **Gelbholz** (Cladrástis lútea MICHX.f.) K. KOCH). Das lateinische „lútea" = gelb bezieht sich auf das leuchtend gelbe frisch geschnittene Holz, das ein gelbes Färbemittel liefert. Auch die Blätter zeigen eine schöne gelbe Herbst-Färbung. Ein weiteres und etwas größeres Exemplar des Gelbholzes finden Sie beim Landhaus Walter.

Im Juni erfreut uns diese Baumart mit weißen, duftenden Blüten in 20–30 cm langen hängenden Trauben. Im Herbst entstehen daraus vier- bis sechssamige Schoten mit einer Länge von 3 bis 6 cm.

Weiterhin folgen auf der rechten Seite des Weges ein kleiner neu gepflanzter **Judasbaum**, Perückenstrauch, Hamamelis und dahinter etwa 6 Meter rechts des Weges eine **Schwedische Mehlbeere**. Ungefähr auf der gleichen Höhe, aber 6 m links des Weges, steht eine **Gold-Buche** (Fágus sylvática ‚zlátia'). Diese seltene Sorte verdankt ihren Namen den im Frühjahr anfangs goldgelben Blätter, die allmählich ergrünen, um sich im Herbst wiederum zum Teil in ein leuchtendes Gelb zu verwandeln.

Auf der rechten Seite des Weges folgen zunächst zwei Sträucher des **Borstigen Flügel-Storax** (Pteróstyrax híspida SIEB. et ZUCC.). Im Frühling fallen sie durch die 12–20 cm langen hängenden Rispen voller weißer und duftender Blüten auf, die im Herbst zu rundlich-eiförmigen Früchten werden. Wenige Meter dahinter wächst die **Gemeine Pimpernuss.**

Wir gehen diesen Weg zurück und biegen hinter der Orient-Buche links ein. Etwa 100 m weiter erblicken wir eine Laterne. Rechts von ihr steht in der Ecke der Rasenfläche ein bemerkenswerter Baum, der in Hamburg nur in wenigen Exemplaren vorkommt. Es handelt sich um die aus Nordamerika stammende **Bitternuss** (Cárya cordifórmis (WANGENH.) K. KOCH). Ihre gefiederten Blätter mit einer Länge von 15 bis 25 cm und 7–9 Blättchen werden im Herbst goldgelb. Die Frucht ist deutlich kleiner als eine Walnuss und hat vier typische Erhebungen auf der oberen Hälfte ihrer Schale. Der Samen ist bitter. Die Endknospen sind gelb (Erkennungsmerkmal!).

Rechter Hand befindet sich das Lesecafé, wo es immer warme Kleinigkeiten, Kaffee und Kuchen gibt, die Sie ggf. im Freien an den Tischen einnehmen können.

Wir setzen unseren Weg geradeaus fort. Nach wenigen Metern erblicken wir eine Schautafel **„Rhododendron-Pfad"** mit Informationen zu den 300 erfolgreichen Rhododendron-Kreuzungen.

Wir lassen die Schautafel links stehen. Links am Weg stehen hintereinander drei schlanke **Einblatt-Eschen** (Fráxinus excélsior ‚Monophylla') . Bei dieser eher seltenen Eschen-Art besteht das Blatt meist nur aus dem oft stark vergrößerten Endblättchen. Daneben wächst häufig noch ein kleines Fiederpaar.

Wir biegen hinter der dritten Einblatt-Esche links ein und folgen bei der Weggabelung dem rechten Weg. Sehr bald sehen wir rechts vor uns eine große Rasenfläche.

10b Auffällige Nadelbäume: Zweimal sechs und einer

Rechter Hand am Rande der Rasenfläche erwarten uns zunächst sechs **„Urwelt-Mammutbäume"** (Metasequóia glyptostroboídes Hu et Cheng). Korrekter wäre die Bezeichnung **„Chinesisches**

10b

Stadtpark

**Urwelt-
Mammutbäume**

*Eine etwas skurrile
Stiel-Eiche. Haben Sie
dazu irgendwelche
Assoziationen?
(Dezember 2008)*

Rotholz", denn im Gegensatz zu diesen haben die immergrünen Mammutbäume völlig andere Nadeln (s. Bd. II, S. 123).

Es folgen drei Birken. Unmittelbar dahinter erweckt eine kleine Gruppe von dicht nebeneinander stehenden sechs **Schlangen-Fichten** (Pícea ábies ‚Virgáta') unsere Aufmerksamkeit. Die einzelnen Äste richten sich zuerst schlangenartig auf, später senken sie sich und hängen herab.

Rechts neben dieser Gruppe wächst ein **Mammutbaum**. Bei den immergrünen Mammutbäumen stehen die Nadeln in drei Reihen „schraubig". Ganz in der Nähe wachsen zwei weitere Mammutbäume (Fotos von Mammutbäumen s. Bd. II, S. 122).

Wir setzen unseren Rundgang fort und schlagen den zweiten Weg links ein. Direkt an seiner Ecke stoßen wir auf eine skurrile, zusammengewachsene **Stiel-Eiche** (Foto S. 93). Nach etwa 90 Metern treffen wir auf den Hauptweg namens Rosengartenweg. An seiner Ecke steht linker Hand eine Linde, hinter der wir links einbiegen.

Hier erwarten uns auf einem kleinen Wegstück etliche interessante Bäume, und zwar:

10c Geweihbaum und andere „Spezialitäten"

Auf der linken Seite des Weges steht etwa 50 m hinter der Linde eine mehrstämmige mittelgroße **Immergrüne Eiche**. Ein zweites Exemplar wächst 6 Meter links dahinter auf der Rasenfläche. Auf gleicher Höhe am rechten Wegesrand befindet sich ein **Tulpenbaum**.

Auf der linken Wegesseite folgt, ca. 25 m hinter einem Laternenpfahl, ein zweistämmiger **Amerikanischer Geweihbaum** (Gymnócladus dióicus (L.) K. KOCH), eine bei uns extrem seltene Baumart. Seine gefiederten Blätter können bis zu einem Meter lang werden. Der Name leitet sich ab vom griechischen Gattungsnamen „gymnos" = nackt und „klados" = Zweig. Im unbelaubten Zustand soll das Astwerk an ein Geweih erinnern. Im Herbst zeigen die Blätter eine hübsche Gelbfärbung.

Drei Meter dahinter wächst ein kleiner **Amberbaum** und links von der nächsten Laterne ein **Pfaffenhütchen**. Schräg gegenüber, rechts am Weg, steht ein kleiner **Trompetenbaum**. Wenige Meter weiter stoßen wir auf einen sehenswerten **Schnurbaum** mit mehreren auseinanderdriftenden Stark-Ästen. Auf gleicher Höhe, nun aber wieder auf der linken Seite des Weges, erwartet uns eine stattliche **Ungarische Eiche** (Quércus frainétto TEN.) mit einem sehenswerten Umfang von 3,75 m. Die Blätter sind mit einer Länge von bis zu 20 cm deutlich länger als die der Stiel-Eiche.

10c

Stadtpark

Geweihbaum

Links:
Ein mehrstämmiger Geweihbaum –
einer der wenigen in Hamburg (Septem-
ber 2009)

Unten links: Das doppelt gefiederte Blatt
des Geweihbaumes (September 2009)

Unten rechts: Die seltene Birken-Pappel
(September 2009)

Der nächste große Baum ist ein **Götterbaum.** Drei Meter links von ihm treffen wir auf einen **Schnurbaum.** Wenn Sie nun 10 Meter weiter auf die Rasenfläche treten, können Sie sich bekannt machen mit der seltenen **Birken-Pappel,** auch **Simons Pappel** genannt (Pópulus simónii CARR.). Diese in China und Korea beheimatete Pappel mit dem hellen Stamm treibt ihre Blätter sehr zeitig im Frühling aus.

Ich hoffe, ich habe Ihnen nicht zu viel versprochen: eine kurze Wegstrecke nur – jedoch mit zahlreichen bemerkenswerten Bäumen!

Wir gehen den Rosengartenweg zurück und folgen ihm, bis wir nach gut 200 Metern links am Rasenrand eine dreistämmige Birke erblicken. Zehn Meter links von ihr auf der Wiese wachsen zwei **Amur-Korkbäume** und wenige Meter weiter links von ihnen drei **Rotblättrige Spitz-Ahorne**.

Wir kehren zurück an die Ecke des Rosengartenweges mit der dreistämmigen Birke. An dieser Wegkreuzung gehen gegenüber der Birke rechts zwei Wege ab. Den linken Weg könnten Sie später einschlagen, um zu den alten Feld-Ahornen zu gelangen, die unten im Text beschrieben werden. Wenn Sie aber dem rechten Weg etwa 100 Meter weit folgen, stoßen Sie auf zwei kleine **Ginkgos.** Hinter ihnen erstreckt sich eine große Wiese, an deren Rand

10c

Stadtpark

Geweihbaum

Oben:
Der gedrehte Stamm der
Ross-Kastanie am Rosen-
gartenweg (Dezember
2008)

Unten:
Ein Schnurbaum in
voller Blüte (August
2008)

Linke Seite:
Rechts neben dieser
mächtigen Hain-Buche
wachsen ein weiblicher
und dahinter einige
männliche Ginkgos
(September 2009)

eine auffällige **Hain-Buche** wächst. Sie teilt sich in zwei sehenswerte Stämme. Unterhalb der Teilung weist sie einen stattlichen Umfang von 2,80 m auf.

Rechts von der Hain-Buche stehen am Wiesenrand mehrere **Ginkgos.** Einer von ihnen ist weiblich und im Herbst reichlich mit zunächst grünen und später gelb werdenden „Früchten" besetzt. Botaniker werden Sie rügen, wenn Sie Früchte sagen: Richtig wäre der Ausdruck „Samen", da es sich bei Ginkgos um sogenannte Nacktsamer handelt. Die Samen sind pflaumenähnlich. Ihr ölhaltiger Kern, die „Ginkgonuss", ist essbar und wird in Asien gern geröstet verzehrt. Die äußere gelbe Samenschale riecht im Reifezustand übel nach Buttersäure. Daher werden bei uns sehr viel mehr männliche als weibliche Ginkgos angepflanzt.

Wir suchen wieder die Wegkreuzung mit der dreistämmigen Birke auf und folgen dem Rosengartenweg. Etwa 15 Meter hinter ihr fällt eine stattliche **Ross-Kastanie** mit einem seltsam gedrehten Stamm auf. 20 Meter schräg gegenüber von ihr wächst rechts des Weges eine besonders hohe **Gleditschie,** die wegen ihrer 25–45 cm langen lederartigen Fruchtschoten auch als **Lederhülsenbaum** bezeichnet wird. Die Dornen an Stamm und Ästen trugen dem Baum einen weiteren Namen ein: **Christusdorn.**

Zehn Meter hinter ihr folgen eine **Hängebirke** und dahinter ein Schnurbaum. Links am Weg erwarten uns eine mittelgroße **Rot-Buche** und kurz darauf ein schön gewachsener **Schnurbaum.** Wenn Sie nun diesem Schnurbaum und der in seiner Nähe stehenden Laterne den Rücken kehren und über die große Wiese hinwegschauen, erblicken Sie in einer Entfernung von schätzungsweise 100 Metern eine Reihe größerer Bäume, die einen Weg säumen. Diese haben Ihre Aufmerksamkeit durchaus verdient: Die drei rechten Bäume

sind betagte Exemplare des **Feld-Ahorns**. Der stattlichste hat einen Umfang von 2,83 m. Hinter ihnen folgen zwei **Stiel-Eichen.** Die zweite ist ein besonders großes Exemplar mit sehr hübschen bis auf den Boden hängenden Ästen. Ihr Umfang beträgt 4,15 m.

Wir gehen auf dem Rosengartenweg weiter. Rechts des Weges auf der Wiese folgen: **Baumhasel, Rotblühender Spitz-Ahorn** und eine hohe **Gleditschie.** Acht Meter hinter dieser stehen zwei **Davids Streifen-Ahorne** (Acer davídii FRANCH.). Diese aus Zentralchina 1869 in Kultur eingeführte Art ist bei uns selten. Benannt ist sie nach dem Missionar Abbé David. Auffällig sind die „Nasenkneifer-Früchte": Ihre Fruchtflügel bilden einen stumpfen Winkel. Die Blätter sind fast immer ungelappt, lang zugespitzt und eher eiförmig. Die Rinde weist helle Streifen auf.

Wir folgen dem Rosengartenweg und schlagen den ersten Weg links hinter der großen Wiese ein. Gleich rechts, etwas versteckt hinter zwei Birken, wächst ein **Amur-Korkbaum.** Die kugeligen,

10c

Stadtpark

Geweihbaum

Blätter und Früchte des Davids Streifen-Ahorns (September 2008)

Linke Seite: Der mehrstämmige Davids Streifen-Ahorn (September 2008)

Nächste Doppelseite: Der dickste der Mandschurischen Walnussbäume (September 2009)

zunächst grünen und im Herbst dann dunkelblau bis schwarzen Steinfrüchte fallen sofort auf. Die großen unpaarig gefiederten Blätter duften gerieben streng terpentinartig.

Der Weg führt uns weiter in

10d Eine interessante „Nuss-Ecke"

Rechts des Weges treffen wir auf einen besonders mächtigen **Baumhasel** (Türken-Hasel) mit einer beeindruckenden weit ausladenden Krone. Stammumfang: 2,38 m. Typisch sind die raue, leicht korkige Rinde, die herzförmigen Blätter und die essbaren hartschaligen Nüsse, die zu mehreren gedrängt in Büscheln nebeneinanderstehen. Im Frühjahr fallen insbesondere die männlichen Kätzchen ins Auge, die bis zu 12 cm lang werden können.

Besondere Beachtung verdienen nun die vier stattlichen **Mandschurischen Walnussbäume** (Júglans mandshúrica MAXIM.), die Sie links und rechts dieses Weges sehen, siehe das große Foto auf der vorangegangenen Doppelseite. Die dem Baumhasel auf der linken Seite des Weges gegenüberstehende Mandschurische Walnuss bringt es auf den bemerkenswerten Stammumfang von 3,20 m. Dieses schön gewachsene Exemplar und ihre Nachbarin machen durch reichliches und gut ausgebildetes Astwerk auf sich aufmerksam. Die gefiederten Blätter sind 45–60 cm lang, gelegentlich sogar bis 90 cm. Die Früchte sehen denen der einheimischen Walnuss sehr ähnlich.

Etwa 60 Meter weiter links am Weg folgen noch eine Mandschurische Walnuss, darauf zwei kräftige **Amerikanische Tulpenbäume** (Stammumfang: 2,80 und 2,65 m). Wenn Sie nun in Richtung Planschbecken gehen, werden Sie von der einen oder anderen großen **Pappel** verabschiedet. Leider wurden von ihnen mehrere mächtige Exemplare mit Stammumfängen von 4,50 m gefällt.

Hier endet dieser Rundgang. Sie könnten jetzt diesen Weg ein Stück zurückgehen. Links hinter dem Amur-Korkbaum führt ein Weg zur Hindenburgstraße. Dort verkehren einige Buslinien, die Sie z. B. zur U-Bahn Borgweg bringen könnten.

11 Jenisch-Park: Trauer-Schnurbaum, Gold-Lärche, Trauben- und uralte Stiel-Eichen

Metrobus 15, Haltestelle Marxsenweg

11

Jenisch-Park

Schnurbaum, uralte Eichen

Ich beschränke mich hier auf einige Ergänzungen zu meinen ersten Büchern (Bd. I, S. 121–136, sowie Bd. II, S. 91–93). Im Wesentlichen lade ich Sie zu einem kleinen Rundgang im nördlichen Teil des Parks zwischen dem Jenisch-Haus und dem Eingang Hochrad ein.

Wir beginnen am Eingang Hochrad, schräg gegenüber der Haltestelle vom Metrobus 15. In Klammern gebe ich Ihnen die Baum-Nummern an gemäß der Aufstellung „Baumarten im Jenisch-Park nördlich des Jenisch-Hauses". An einigen Bäumen werden Sie kleine Namensschilder entdecken.

Geradeaus gleich am Anfang der zweiten großen Rasenfläche treffen wir auf einen Blickfang: Ein kleiner, rundlicher Baum mit herunterhängenden Zweigen zeigt an, dass es sich um eine „Hänge-" oder „Trauerform" handelt. Es ist ein **Trauer-Schnurbaum** (Nr. 45) (Sophóra japónica L. ‚Péndula'), der in Hamburg wahrscheinlich nur an dieser Stelle vertreten ist. Treten Sie doch einmal näher an diesen Baum heran und schauen Sie ihm unter das Blattwerk. Sie werden erstaunt sein, welche unglaublichen Windungen und Krümmungen sein Stamm macht!

Die seltsame Form des Trauer-Schnurbaums lässt uns an versteckte Mammuts denken (Juni 2009)

Wir gehen den Weg rechts um die Rasenfläche herum. An der ersten Wegkreuzung steht der bekannte große **Ginkgo** (Nr. 10). Wir folgen dem Weg
weiter nach Süden. Nach wenigen Metern erblicken wir wiederum an einer
Wegkreuzung rechts auf der Höhe des Cafés einen **Urwelt-Mammutbaum**
(Nr. 14) = **Chinesisches Rotholz.** Sein Umfang: 3,15 m. Es folgt auf der linken
Seite neben dem Weg ein echter **Mammutbaum** (Nr. 27) mit einem Umfang
von 3,20 m. Linker Hand neben dem gegenüberliegenden Weg erkennt man
sehr gut eine prächtige **Sumpf-Zypresse** (Nr. 31). Ihr Umfang: beträchtliche
3,80 m.

Unser Weg führt uns weiter geradeaus bis zu einer runden Rasenfläche vor
dem Jenisch-Haus. Wir halten uns jetzt links und umrunden einen kleinen
Teil der rechts neben uns befindlichen Rasenfläche. Links des Weges wächst
eher etwas unauffällig ein Strauch der **Blauschote** (Nr. 89) (s. 7c).

Die nächsten beiden Bäume sind für Hamburger Verhältnisse besonders
interessant, da es sich um echte „**Trauben-Eichen**" (Nr. 76 + 76a) handelt. Die
Zweige der beiden Eichen hängen ziemlich niedrig, so dass im Herbst die fast
stiellosen Eicheln, die zu mehreren dicht aneinandergedrängt sind, sehr gut
sichtbar sind.

11

Jenisch-Park

Uralte Eichen

Hinter den beiden Trauben-Eichen schlagen wir den ersten Weg links ein, gehen an der mächtigen doppelstämmigen **Edel-Kastanie** vorbei in Richtung Barlach-Haus. Der nächste große Baum direkt links des Weges ist ein **Mandschurischer Walnuss-baum** (Nr. 73).

Rechts des Weges ist ein **Trompetenbaum** (Nr. 507) zu sehen. Ihm gegenüber, links des Weges, direkt an der Wegkreuzung, wächst ein stattlicher, schräg stehender und etwas lädierter Baum (Umfang 3,01 m). Ausgeschildert ist er als **Hickorybaum** (Cárya illinoénsis) (Nr. 67). Allerdings dürfte es sich hierbei eher um die **Bitternuss** (Cárya cordifórmis (WANGENH.) K. KOCH) handeln.

Wir biegen jetzt links ein und gehen Richtung Ausgang Hoch-rad. Der nächste auffällige Baum hinter dem nach links abge-henden Weg ist eine **Gold-Lärche** (Pseudolárix amábilis (NELS.) REHD.) (Nr. 39). Im Herbst färben sich die Nadeln goldgelb. Typisch sind ihre horizontal abstehenden Äste.

Hinter der Gold-Lärche treffen wir auf eine **Nutka-Schein-Zypresse** (Chamaecyparis nootkaténsis (D. DON) SPACH) (Nr. 51). Der Name geht auf die Nootka-Insel an der Pazifikküste Kanadas zurück. Bei diesem Exemplar ist besonders der Stamm mit seinen vielen tief ansetzenden Ästen beeindruckend.

Wenn Sie mögen, können Sie jetzt noch einen kleinen Spazier-gang zur „Eierhütte" machen. Sie gehen gen Süden Richtung Elbe dem Flüsschen Flottbek folgend, das links von ihnen fließt. Ziemlich weit südlich werden Sie auf die heutige Eierhütte mit der Aufschrift „AMICIS ET QVIETI" (Den Freunden und der Muße) stoßen. Es handelt sich hier um einen Nachbau von 1995.

Gelegentlich kann man einen Waldkauz in den alten Eichen in der Nähe des Barlach Museums erspähen. Erfreuli-cherweise wurde dort im April 2010 wieder ein Waldkauz mit vier Jungen beobachtet

Linke Seite, außen: Bei näherer Betrach-tung überrascht uns der Trauer-Schnurbaum mit einem bizarr verdrehten und verknoteten Stamm (Juni 2009)

Linke Seite, innen: Man-dschurische Walnuss in Herbstfärbung. Rechts dahinter an der Wegecke wächst eine Bitternuss (Oktober 2009)

105

Den Namen erhielt sie wegen ihrer ovalen Fenster. An der Hütte finden Sie weitere Informationen zu ihrer Historie.

Etwa siebzig Meter von der Eierhütte entfernt wachsen vier hochbetagte **Stiel-Eichen** dicht nebeneinander. Einen besonderen Veteran mit dem „pfiffigen Gesichtsausdruck" zeige ich Ihnen auf dem Foto. Er ist mit einem Umfang von 5,50 m auch der kräftigste der vier urigen Gesellen.

Das südliche „Mündungsgebiet" der Flottbek zeichnet sich durch eine üppige Vegetation aus. Besonders auffällig sind die vielfach verschlungenen Stämme und Äste der bis zu achtzig Jahre alten **Weiden** in der Weichholzaue.

Zum Schluss noch ein Tipp für einen botanischen Leckerbissen – allerdings nicht wörtlich zu nehmen, denn Pflücken ist strengstens verboten: Zwischen dem südlichen Zaun und dem Weg, der zum Ausgang Elbchaussee / Holztwiete führt, wachsen ganze Bärlauch-Teppiche. Blütezeit: April / Mai.

Rückweg: Entweder von der Bushaltestelle Marxsenweg oder von Teufelsbrück. Dort fahren mehrere Buslinien ab sowie die Dampfer zu den Landungsbrücken.

„Woowww!" scheint der Schlund dieser uralten Stiel-Eiche zu schreien. Und blinzelt uns das „kleine Auge" etwa verschmitzt an? Sie ist mit 5,50 m Umfang die kräftigste der vier alten Eichbäume, die 70 m entfernt von der „Eierhütte" am Wegrand stehen (Januar 2009)

12 Durch die Parkstraße zum Reemtsma-Park und Umgebung

S 1, S 11, S-Bahnhof Othmarschen

Wir verlassen den S-Bahnhof durch den mit „Waitzstraße" ausgeschilderten Westausgang und biegen sofort links in die Hammerichstraße ein.

Gleich auf der linken Seite begrüßt uns im Vorgarten des Hauses Nr. 2 rechts beim Eingang die aus Ostasien stammende **Gold-Lärche.** Sehr schön im Vergleich dazu bietet sich die links hinter dem Zaun auf dem Nachbargrundstück stehende **Europäische Lärche** (Lárix decídua MILL.) an.

In den nun folgenden Vorgärten erfreuen uns prächtige Rot- und Blut-Buchen, Linden und Eichen. Vor der Hammerichstraße 3 wächst ein besonders mächtiges Exemplar einer Stiel-Eiche mit einem Umfang von 4,70 m. Ein sehr großer **Spitz-Ahorn** steht im Garten der Hammerichstr. 7/Ecke Jungmannstraße.

12a

Parkstraße, Reemtsma-Park

Schein-Zypressen

12a Parkstraße: Schein-Zypressen, Kolchos-Spitz-Ahorn, Trompetenbäume

Wir biegen rechts in die Jungmannstraße ein: Im Garten der Nr. 35 erblicken wir eine **Mähnen-Fichte** (Brewer-Fichte). Nun biegen wir links in die Parkstraße ein. Hinter dem Zaun des Hauses 3a

Zwei große Lawson-Schein-Zypressen mit „Henkeln" bzw. mit „aufgestellten Rüsseln" im Vorgarten der Parkstraße 6 (Juni 2009)

wächst ein zweistämmiger **Küsten-Mammutbaum** (Sequóia sempérvirens (D.DON) ENDL.). Diese immergrünen und schnell wachsenden Bäume sind auch bekannt unter dem Namen „Redwood". Noch ist dieses Exemplar erst 10 m hoch.

Rechts daneben steht ein 2 m hoher **Essig-Baum** der selteneren Sorte Rhus glábra ‚Laciniáta' = Geschlitztblättriger. Ein kleines Stück weiter, Parkstraße 6, machen zwei große **Lawsons Schein-Zypressen** (Chamaecparis lawsoniána (A. MURR.) PARL.) durch bemerkenswerte „Rüssel-Äste" auf sich aufmerksam.

Im Vorgarten der Parkstraße 16a wächst ein breit ausladender **Trompetenbaum,** der eine Besonderheit aufweist: Im Frühjahr sind seine Blätter goldgelb. Daher lautet sein korrekter lateinischer Name: Catalpa bignonioídes ‚Aurea'. Erst einige Monate später werden die Blätter gelbgrün.

Links neben der weißen Gartenpforte von Nr. 20 steht eine schön anzuschauende etwa 10 m hohe **Himalaya-Zeder** (Cédrus deodára (D.DON) G.DON), auch als **Deodar-Zeder** bezeichnet. An der Ecke Parkstraße/ Golfstraße ist ein Ahorn mit beschädigtem Stamm erwähnenswert, denn es handelt sich bei ihm um einen **Kolchischen** bzw. **Kappadozischen Spitz-Ahorn.**

Vor dem Haus Nr. 23 treffen wir wiederum auf ein Exemplar des **Trompetenbaums** der Sorte ‚áurea'. Es weist mehrere aus der Erde wachsende urigskurrile Stämme auf. Es folgen verschiedene Gärten mit eindrucksvoll hohen Buchen und Eichen. Links vom Eingang der Parkstraße 56 erhebt sich eine mächtige **Kaukasische Flügelnuss.** Rechter Hand erstreckt sich das Reemtsma-Grundstück. Wir biegen in den ersten Weg rechts ein. Es ist ein schöner, schattiger Wanderweg. Er führt uns geradewegs zu dem Hauptziel dieses Rundgangs, nämlich in den

Reemtsma-Park

Bereits 1865 ließ der Senator Schütte an der Stelle des heutigen Reemtsma-Parks einen großzügigen Landschaftsgarten von F. J. Christian Jürgens gestalten. 1930 beauftragte der Zigarettenfabrikant Philipp Fürchtegott Reemtsma keinen geringeren als den berühmten Gartenarchitekten Leberecht Migge mit der Neugestaltung und Erweiterung des Parks. Migge hatte allein in Hamburg rund zwanzig Garten- und Parkprojekte realisiert. Er war so populär, dass es damals hieß: „Keine feine Bildung ohne Knigge, kein guter Garten ohne Migge."

Seitdem hat sich der Reemtsma-Park erheblich verändert. Aus der seinerzeit angelegten Reitbahn wurden Parkplätze. Auf dem Gebiet ehemaliger

Nutzgärten entstanden die Verwaltungsgebäude des Zigaretten-konzerns. Der untere (westliche) Teil des einst historisch bedeut-samen Landschaftsgartens wurde in den öffentlichen Teil des Reemtsma-Parks integriert.

Die Familie Reemtsma ist für ihr Mäzenatentum bekannt. Ihre gleichnamige Stiftung fördert nicht nur das Ernst Barlach Museum im Jenisch-Park, sondern zahlreiche künstlerische und soziale Projekte im nördlichen Deutschland.

12b

Reemtsma-Park

Seltene Ahorn-Arten

12b Zwei seltene Ahorn-Arten: Wein- und Nikko-Ahorn

Unser Wanderweg führt uns vorbei an einer großen **Esche** direkt auf einen ganz besonderen Baum zu: Er fällt sofort durch seine ungewöhnliche, liegend kriechende Position und seine zahl-reichen armdicken Äste auf. Obendrein ist diese Baumart in

Der äußerst rare Wein-Ahorn. Hier in halb liegender Position (Oktober 2009)

Hier zeigt der Wein-Ahorn seine schöne Herbstfärbung (Oktober 2009)

Oben:
Blätter des Wein-Ahorns in
unterschiedlicher Herbstfärbung (Oktober 2009)

Rechts:
Ein kleines Herbstblätter-
Potpourri des Wein-Ahorns.
In der Mitte die typischen
„Nasenkneifer" (Oktober
2009)

Unten:
Das dreifach gefiederte Blatt
und die „Nasenkneifer-
Frucht" des Nikko-Ahorns.
Im Herbst trägt er leuchtend
rotes und gelbes Blattwerk
(Juni 2009)

Hamburg sehr selten. Dieses Exemplar kann sich damit brüsten, in jedem Fall bei weitem der größte seiner Art in Hamburg zu sein! Es handelt sich um einen **Wein-Ahorn** (Acer circinátum PURSH). Meistens kommen Wein-Ahorne in Form eines Großstrauchs oder Kleinbaumes vor. Wegen seiner Blüten im April/ Mai mit rotem Kelch und weißer Krone sowie der ausgeprägten hübschen Herbstfärbung der Blätter in Gelb, Orange oder Rot stellt der Wein-Ahorn ein dekoratives Park- und Gartengehölz dar.

Zehn Meter hinter dem Wein-Ahorn treffen wir auf einen zweiten seltenen Vertreter der Ahornfamilie. Es ist ein mittelgroßer **Nikko-Ahorn** (s. Kap. 15). Er ist nicht ganz so rar wie der Wein-Ahorn. Auch diese Ahorn-Art zeichnet sich durch eine leuchtend rote und gelegentlich auch gelbe Herbstfärbung aus. Seine dreifiedrigen Blätter unterscheiden sich deutlich von unseren einheimischen Ahorn-Arten. Die Früchte haben haarige Stängel und stehen meist spitzwinklig zueinander.

12c

Reemtsma-Park

Ausdrucksstarke Solitärbäume

12c Ausdrucksstarke Solitärbäume: Sumpf- und Zerr-Eiche, Ross-Kastanien, Platanen

Einige Dutzend Meter von diesen beiden außergewöhnlichen Ahorn-Arten entfernt wächst vor dem Teich eine eindrucksvolle **Sumpf-Eiche.** Sie gehört zu den größten Sumpf-Eichen Hamburgs.

Wir gehen jetzt an drei **Sumpf-Zypressen** vorbei, die am Teichufer stehen, und links um den Teich herum. Auf der anderen Seite des Teiches rechts des Weges wächst eine mächtige **Platane** (Umfang: 4,30 m). Wenige Meter von ihr entfernt treffen wir auf dem Rasen sogleich auf einen weiteren bemerkenswerten Baum-Solitär: eine **Zerr-Eiche** (Quércus cérris L.) mit einem Umfang von 3,70 m.

Hier ist vielleicht eine kleine Einschränkung erforderlich. Es ist nicht ganz sicher, ob es sich um eine hundertprozentig „reine" Zerr-Eiche handelt. Auffällig ist nämlich, dass bei diesem Exemplar an etlichen Stellen weiße, völlig albinotische und ebenfalls panaschierte Blätter austreiben. Das sieht recht interessant und durchaus dekorativ aus. Diesen Chlorophylldefekten liegen wahrscheinlich Knospenmutationen zu Grunde. Aber möglicher-

*Nächste Doppelseite:
Rechts hinter dem Teich
die prächtige Zerr-Eiche,
links die große Platane.
Hinter ihr erkennt
man eine blühende
Edel-Kastanie
(Juni 2009)*

weise hat dieser Baum noch einen anderen Elternteil, und zwar evtl. „varie-
gata", eine panaschierte Sorte.

Heimisch sind Zerr-Eichen im südlichen Europa. In Hamburg sind sie nicht
häufig vertreten. Dieses mit einem kleinen Fragezeichen versehene Exemplar
ist in jedem Fall eine der größten Zerr-Eichen der Hansestadt.

Wir betreten jetzt den nächsten Weg hinter der Zerr-Eiche. Wenn wir nach
oben – also gen Osten in Richtung der Verwaltungsgebäude – schauen, fällt
uns sofort eine mächtige **Ross-Kastanie** am oberen Rasenrand auf. Dieser
urige mehrstämmige Baum mit zahlreichen Ästen ist besonders im Mai mit
seinen weißen Kerzen-Blüten eine ausgesprochene Augenweide (s. Foto,
Bd. II, S. 89).

Der Weg führt uns jetzt in Richtung Holztwiete. Linker Hand erkennen wir
mehrere der an Platanen erinnernden Stämme der **Parrotie.** Dahinter wächst
eine mittelgroße **Edel-Kastanie** (Castánea satíva MILL.). Andere Namen
sind **Ess-Kastanie** oder **Essbare Kastanie,** was sich auf die essbaren Früchte
(Maronen) bezieht.

*Auf der Zerr-Eiche erscheinen an mehreren Stellen weiße Blätterbüschel
und panaschierte Blätter (Juli 2009)*

Rechte Seite:
*Unbelaubt zeigt uns die urige Ross-Kastanie ihre Struktur mit mehreren Stämmen
und Stark-Ästen (Januar 2009). Derselbe Baum in voller Blüte in Bd. II, S. 89*

12d Zwei immergrüne potenzielle Giganten: Mammutbäume (Sequóias)

Rechts des Weges, am Parkrand, etwa zehn Meter von der Parrotie entfernt, steht ein echter **Mammutbaum** (Sequóia gigantéum (LINDL.) BUCHH.). Bisher macht dieses Exemplar seinem Namen noch keine rechte Ehre, denn die aus der Sierra Nevada, Kalifornien/USA, stammende Baumart gehört zu den Baumarten der Erde mit dem höchsten Alter (bis 3200 Jahre) und der größten Holzmasse. Die „Nadeln" liegen schuppenartig an den Zweigen an.

Der lateinische Name geht übrigens zurück auf Sequoyah, einen Indianerhäuptling der Cherokee (1770–1843). Er entwickelte ohne jegliche Vorbildung und der englischen Sprache nicht mächtig, zusammen mit seiner Tochter ein eigenständiges Schriftsystem für die Cherokee-Sprache. Diese Schrift setzte sich unter den Cherokee schnell durch. Bis heute wird diese Sprache mit ihrer eigenen Schrift u. a. in Zeitungen geschrieben. Zu Ehren von Sequoyah und in Würdigung dieser enormen intellektuellen Leistung tragen die Mammutbäume seinen Namen.

Wenige Meter weiter wächst ein **Küsten-Mammutbaum.** Andere Bezeichnungen: **Küsten-Sequoie** und **Redwood.** Auch diese Baumart kann bis zu 2000 Jahre und 80 m hoch werden. Sie ist ebenfalls in den USA, und zwar im Süd-Westen entlang der Pazifikküste Kaliforniens und Oregons, heimisch. Im Gegensatz zum Mammutbaum hat sie richtige Nadeln: Diese sind ungestielt und 6–20 mm lang.

Wir verlassen jetzt diesen kleinen, aber feinen Park am Ausgang zur Holztwiete, gehen diese links hinunter.

12e Die Umgebung des Reemtsma-Parks:
 Hänge- und Amerikanische Weiß-Esche

Auch hier gibt es einige bemerkenswerte Bäume zu entdecken: Zunächst fällt uns eine **Hänge-Esche** hinter dem Zaun der Holztwiete Nr. 12 durch skurrile Verschlingung ihres Stammes auf (s. Liebestolle Bäume). Dann folgt an der Mauer vor der Nr. 20 eine kräftige **Stiel-Eiche,** die langsam das Mauerwerk „verschlingt" (s. Überwallungen).

Nun biegen wir in die erste Straße links, Buchenhof, ein. Im Vorgarten der Nr. 1 wächst eine hohe **Schwarz-Kiefer** (Pínus nígra ARNOLD). Sie hat einen Umfang von 3,35 m und dürfte über 150 Jahre alt sein.

Vor Buchenhof Nr. 7 am Zaun steht eine zweigeteilte bei uns seltene Eschen-Art: Fráxinus biltmoreána BEADLE, eine nahe Verwandte der **Ameri-**

kanischen Weiß-Esche. Bei ihr sind die Zweige flaumig behaart, die Endknospen sind braun und zugespitzt.

12f Hier „eicht" es sehr: Flaum-, Stiel- und Zerr-Eiche

Acht Meter hinter dieser Esche treffen wir auf einen Baum mit zweigeteiltem Stamm. Es ist in Hamburg vielleicht das einzige, in jedem Fall jedoch eines der ganz wenigen hiesigen Exemplare der **Flaum-Eiche** (Quércus pubéscens WILLD.). Sie wird auch als **Haar-Eiche** bezeichnet, da ihre Jungtriebe, Knospen und jungen Blätter fein filzig behaart sind. Die Blattunterseite bleibt stets weichhaarig. Die Früchte sind zur Hälfte vom Becher umgeben.

Lassen Sie uns noch einen Blick in den links vom Buchenhof abgehenden Albertiweg werfen. Sie gelangen schnell zu einer Grünfläche auf der linken Seite, die von einer sehr großen **Stiel-Eiche** dominiert wird. Dieser eindrucksvolle Baum vor dem Haus Nr. 20 mit einem Umfang von 5,18 m soll bereits 1770 gepflanzt worden sein.

Sechzig Meter weiter, an der Ecke Kreetkamp, erhebt sich eine weitere **Stiel-Eiche** ähnlichen Kalibers.

Am Ende des Albertiwegs, im Vorgarten links des Hauses Nr. 1, verabschiedet uns eine besonders hoch gewachsene **Zerr-Eiche**. Sie könnte die höchste Zerr-Eiche in Hamburg sein.

Mit diesem Superlativ beenden wir diesen Rundgang. Sie könnten jetzt in die vor Ihnen liegende Parkstraße nach links einbiegen. Dort fährt der Metrobus 15. Oder Sie gehen die Parkstraße weiter hinunter bis zur S-Bahn Othmarschen.

12f

Umgebung vom Reemtsma-Park

Seltene Eichen-Arten

Diese bemerkenswert hoch gewachsene Zerr-Eiche ragt aus dem Garten links des Hauses Albertiweg 1 hervor. Als Größenvergleich dienen Haus und Auto.

13 Elbchaussee: Zwischen Schröders Elbpark und Ottenser Rosengarten: Ess-Kastanie, Blauglockenbaum, Gelber Trompetenbaum, Ungarische Eiche

Bus 286, Schnellbus 36, Haltestelle Halbmondsweg

In Ergänzung zum Kapitel 7 „Elbchaussee …", Bd. II, S. 83 ff., wollen wir heute eine Stippvisite zu einigen noch nicht im Bd. II vorgestellten Bäumen machen.

Wir beginnen in Schröders Elbpark. Wenn Sie diesen Park durch seinen östlichsten Weg, schräg gegenüber von der Elbchaussee 208, betreten und diesen abwärtsgehen, wo er asphaltiert ist, treffen Sie links am Hang auf drei urige Gesellen. Es handelt sich um eine Gruppe von sehr **alten Stiel-Eichen.** Der hintere Baum ist mit einem Umfang von 5,45 m der mächtigste. Er wird über 250 Jahre alt sein. Wohl wahr: ein ehrwürdiges Baum-Alter!

Im Ostteil von Schröders Elbpark treffen Sie auf drei urige, jahrhunderte-alte Stiel-Eichen.
Die hintere ist mit einem Umfang von 5,45 m die mächtigste
(Dezember 2009)

*Die stattliche Edel-
Kastanie im Rosengarten
(Umfang 4,60 m,
August 2008)*

*Linke Seite innen:
Blüten des Chinesischen
Blauglockenbaums*

*Linke Seite außen:
Die ebenfalls blauen
Blüten des Jacaranda
zum Vergleich mit denen
des Chinesischen Blau-
glockenbaums (Portugal,
September 2009)*

Allerdings ist die Eiche verglichen mit dem „Alten Schweden",
einem Findling, der ganz in der Nähe unten am Elbstrand liegt,
ein richtig junger „Spund". Der Findling ist nämlich der älteste
Einwanderer Hamburgs, der aus Schweden während der Elster-
Eiszeit vor 400.000 Jahren hierher kam. Eine echte Attraktion:
fast 20 m Umfang und 217 Tonnen schwer!

Eine weitere kapitale **Stiel-Eiche** mit einem Umfang von 5 m
steht am westlichen Eingang zu Schröders Elbpark, und zwar

dicht neben der Elbchaussee und zehn Meter vom Grundstück Elbchaussee 211a + b entfernt. Dort im Vorgarten wächst übrigens ein herrlicher **Tulpenbaum** (s. Foto, Bd. II, S. 85/86).

Die „Überwallungen" mehrerer Bäume durch bzw. über den Zaun können Sie bei dieser Gelegenheit in der etwa einhundert Meter entfernten Schlagbaumtwiete/Ecke Elbchaussee persönlich in Augenschein nehmen (s. Überwallungen)!

Einige Straßen weiter stadteinwärts an der Ecke Corinthstraße, vor der Elbchaussee Nr. 214, stoßen wir zu unserer Überraschung auf eine **Ungarische Eiche**. Sie ist eher rar in Hamburg und als Straßenbaum besonders ungewöhnlich.

Aus dem Vorgarten des Hauses Elbchaussee Nr. 143 grüßt Sie dann eine eindrucksvolle **Ross-Kastanie**. Sie hat nicht weniger als sieben Einzelstämme aufzuweisen!

In der Nähe des Hohenzollernrings liegt der **Ottenser Rosengarten**. Auch er hat einige interessante Bäume zu bieten. Zunächst fällt die gegenüber der Elbchaussee Nr. 124 stehende mächtige, etwas gedrungene **Ess-Kastanie** auf. Mit einem Umfang von 4,60 m dürfte sie bald zweihundert Jahre alt werden.

Etwa 35 Meter hinter der Ess-Kastanie auf der Rasenfläche erwartet uns ein schlanker, alleinstehender Baum. Zu unserer Freude gibt er sich als der in Hamburg seltene **Chinesische Blauglockenbaum** zu erkennen. Er begeistert uns immer wieder durch seine wunderbaren 4–6 cm langen blauen Blüten. Weitere Bestimmungsmerkmale sind die bis zu 20 cm großen Blätter und die 5 cm langen Kapselfrüchte.

In der Nähe der Ess-Kastanie führt ein Weg halblinks in Richtung Elbe. Nach zirka vierzig Metern erhebt sich rechts des Weges aus einer Rhododendron-Gruppe ein mittelgroßer **Gelbblühender Trompetenbaum** (Catálpa ováta G.DON), auch als **Gelber** oder **Kleinblütiger Trompetenbaum** bezeichnet. Trompetenbäume werden von nicht verbeamteten Menschen mitunter spöttisch „Beamtenbäume" genannt: Der Blätteraustrieb erfolgt gemächlich und sehr spät. Die Blätter werden dann auch relativ zeitig wieder abgeworfen.

„Kleinblütig": In der Tat sind seine 1,5 bis 2,5 cm langen Blüten nur etwa halb so groß wie die weißen des Gewöhnlichen Trompetenbaums. Sie sind nicht knallgelb, sondern grauweiß-gelblich mit kleinen purpurnen Flecken. Die brechbohnenähnlichen Früchte sind 20–30 cm lang. Sie sind mit einer Dicke von 3–4 mm nur etwa halb so dick wie die des Gemeinen Trompetenbaums.

13

Elbchaussee

Schröders Elbpark, Ottenser Rosengarten

Die gelblich-weißen Blüten des Gelben Trompetenbaums (Juli 2009)

Gelbe Trompetenbäume sind in Hamburg erheblich seltener als die Gemeinen Trompetenbäume.

Im östlichen Teil des Rosengartens, gegenüber der Villa Margret, Elbchaussee 114, befindet sich ein kleiner Heckengarten nach dem Vorbild des Malers Max Liebermann, und am Zaun der Elbchaussee 118 könnten Sie sich noch eine Überwallung durch eine **Stiel-Eiche** anschauen.

Zum Schluss dieses Kapitels ein Hinweis auf die Bäume der Elbchaussee 88: Hier befindet sich die Auguste-Victoria-Stiftung, wie wir der schönen Goldschrift auf dem repräsentativen Gebäude entnehmen können. In dem großzügigen, parkähnlichen Vorgarten dieser Senioren-Residenz wachsen mehrere große Laubbäume, wie z. B. zwei stattliche **Buchen.** Vier Meter hinter dem Zaun können wir eine **Ungarische Eiche** erspähen. Sie gabelt sich in 4 m Höhe.

An der Einfahrt zum Stift macht rechts ein schräg stehender, besonders kräftiger **Lebensbaum** (Thúja occidentális L.) auf sich aufmerksam. Es ist anzunehmen, dass er wenigstens einhundert Jahre alt ist. Beachtenswert ist ferner eine hohe **Sumpf-Eiche** neben dem Eingang zur Elbchaussee Nr. 86.

Rückfahrt: Metrobus 15, Fischersallee; Bus 286, Bernadottestraße

14 Von Ulme zu Ulme durch Hamburg

● *Ein Beitrag von Gordon Mackenthun*

14a Sind Gold-Ulmen eigentlich Ulmen?

S 1, S 11 S-Bahnhof Othmarschen

Wer heutzutage in ein beliebiges Gartencenter geht und nach einer Ulme verlangt, dem wird ziemlich sicher eine **Gold-Ulme** gezeigt werden. Nach erfolgtem Kauf kommen dann aber doch die Kindheitserinnerungen langsam wieder an die Oberfläche und in denen ist die Ulme grün und nicht goldgelb. Handelt es sich wieder um einen botanischen Trick? So wie Sommerflieder kein Flieder ist, die Hopfenbuche nichts mit Bier zu tun hat und Walnüsse nicht auf Wällen wachsen?

Nein, die Gold-Ulme ist tatsächlich eine Ulme, eine gärtnerische Züchtung, die sich weit von ihren natürlichen Verwandten entfernt hat. Wissenschaftlich korrekt heißt sie Ulmus x hollándica ‚Wredei'. Das „x" im Namen deutet an, dass es sich um eine Kreuzung handelt, in diesem Fall zwischen der Feld- und der Berg-Ulme – dazu später mehr. Und sie ist benannt nach dem Garteninspektor Wrede, der die Sorte 1875 in der Landesbaumschule Alt-Geltow bei Potsdam züchtete. Seitdem wird sie immer weiter vermehrt und erfreut sich seit rund 20 Jahren vor allem in Deutschland größter Beliebtheit.

Die Gold-Ulme hat eine aufsehenerregende Farbe, aber die meisten Exemplare bleiben klein und strauchförmig, und die in sich gedrehten und gekräuselten Blätter tragen zu einem eher gemischten ästhetischen Eindruck bei. Nicht ohne Grund nehmen viele Menschen die Gold-Ulme gar nicht als „echte" Ulme wahr. Unser Beispiel zeigt einen schönen, alten Baum auf dem privaten Grundstück Groß Flottbeker Straße 27 (vom Bürgersteig aus gut zu sehen). Weitere markante Individuen finden sich in der näheren und weiteren Umgebung.

Das goldgelbe Laub beruht offenbar auf einer Mutation und ist keineswegs besonders stabil. Einzelne Knospen mutieren zurück und es entstehen normale, grüne Triebe. Das ist an fast jedem zweiten Exemplar zu sehen.

Die schöne große Gold-Ulme in der
Groß Flottbeker Straße (2009)

14b Ein Sibiriake an der Elbschloss-Brauerei?

Schnellbus 36, 39 Elbschlossstraße / Seegerichtshof

Neben der Gaststätte „Elbblick", in der Straßenkurve zwischen Elbchaussee und Elbuferweg, steht ein etwas wilder, schiefer, mehrstämmiger, eher unscheinbarer Baum. Nach längerem Rätselraten waren sich Fachleute schließlich einig, dass es sich um eine **Sibirische Ulme** (Ulmus púmila) handeln muss. Blatt- und Borkenmerkmale sprechen dafür. Es ist fast der einzige bekannte Baum dieser Art in Hamburg, weder im nahen Botanischen Garten noch bei Planten un Blomen steht ein Artgenosse. Nur auf dem Gelände des Johann-Heinrich-von-Thünen-Instituts in Bergedorf findet man ein paar weitere versteckte Sibirische Ulmen.

Wie mag der Sibiriake ans Elbufer gekommen sein? In Nienstedten befand sich seit 1814 die Baumschule des Schotten Jacob Booth, später gründete sein Lehrling Johannes von Ehren auf dem Gelände des heutigen Westerparks ein eigenes Geschäft. Wir können vermuten, dass die Sibirische Ulme von dort auf dem einen oder anderen Weg, bewusst oder unbewusst, an die Elbe gebracht wurde. Dem Stammumfang nach müsste der Baum um 1915 gepflanzt worden sein.

Der wilde Wuchs unseres Exemplars am „Elbblick" ist für die Art durchaus typisch. In Mitteleuropa ist sie deswegen auch wenig verwendet worden. Viel interessanter ist aber, dass unser Sibiriake schon im 16. Jahrhundert aus Asien nach Europa eingeführt wurde. Die spanischen Könige waren es, denen der Baum gefiel und die ihn zunächst wohl in den Gärten ihres Landsitzes Aranjuez, etwas südlich von Madrid, pflanzen ließen. Heute ist die Art in Spanien als kultivierter Baum relativ weit verbreitet, wohl wegen ihrer Toleranz gegenüber Trockenheit.

Die Sibirische Ulme am Elbufer steht reichlich schief und zeigt eine bizarre Wuchsform (2009)

14c Und eine Berg-Ulme am Elbufer

14c

Ulmen

Berg-Ulme, Elbufer

Bus 49 Elbuferweg

Weiter stadtauswärts, in einer kleinen Grünanlage am Strandweg, etwa auf Höhe der Einmündung des Mühlenberger Wegs, steht völlig frei ein großer Baum von ansprechender Gestalt. Es ist eine **Berg-Ulme** (Ulmus glábra), gut erkennbar an den großen, rauen, vielfach mehrspitzigen Blättern. Dem Namen nach sollte sie hier nicht zu vermuten sein. Tatsächlich fühlt sie sich in den Mittelgebirgen und in den mittleren Lagen der Alpen viel wohler.

Offenkundig ist dieser Baum an seinen Standort in der Grünanlage gepflanzt worden. Und da die Standortansprüche von Bäumen in der Regel viel weiter gefasst sind als ihr natürliches Vorkommensgebiet, kann uns die Berg-Ulme am Elbufer nicht wirklich überraschen. Am natürlichen Standort spielen ja nicht nur die Faktoren Wasser, Boden und Licht eine Rolle, sondern vor allem die Konkurrenz durch andere Arten. Bei uns in Mitteleuropa setzt sich natürlicherweise langfristig meistens die Buche durch. Wenn – wie in einer Grünanlage – die Konkurrenz jedoch ausgeschaltet ist, fühlen sich auch Bäume wohl, die da eigentlich nicht hingehören.

Eine der letzten großen **Feld-Ulmen** (Ulmus mínor) in Hamburg stand vor dem Övelgönner Fährhaus. In Bd. I ist ihr ein Denkmal gesetzt worden (S. 110– 112). Im Mai 1999 wurde der Baum mit der Begründung Holländische Ulmenkrankheit gefällt. Symptome waren jedoch nicht zu entdecken und so ist eher zu vermuten, dass die Bauarbeiten im Zusammenhang mit dem Hochwasserschutz letztlich zum Tod des Baums geführt haben.

Die Berg-Ulme am Elbufer in unmittelbarer Nähe des Mühlenberger Wegs (Mai 2009)

125

14d Auferstanden aus Ruinen?

Bus 37, 112, 283 Große Bergstraße

Vor dem Haus Schomburgstraße 35 fällt ein sehr mächtiger Baum auf. Besonders markant sind die lang überhängenden jungen Triebe, die durchaus 1 m lang und länger werden können. Es ist eine Ulme, die den Namen **Haager Ulme** (Ulmus ‚Den Haag‘) trägt. Die Züchtung ist erst rund 75 Jahre alt und stammt – der Name sagt es schon – ursprünglich aus Den Haag in Holland und wird dort auch heute noch vielfach als Straßenbaum gepflanzt. Es handelt sich um einen Hybrid aus Feld- und Berg-Ulme sowie der bereits erwähnten Sibirischen Ulme. Wir haben schon gesehen, dass Hybride mit einem „x" im Namen gekennzeichnet werden. Wenn aber mehr als zwei Elternarten beteiligt sind und wir es außerdem mit einer gärtnerischen Züchtung zu tun haben, wird der Name oft kurz und knapp ausgedrückt: Ulmus ‚Den Haag‘.

Die niederländischen Gärtner und Züchter sind schon seit Jahrhunderten für ihre Experimentierlust bekannt – und für ihre Erfolge. Schon lange bevor jemand etwas von der Holländischen Ulmenkrankheit ahnte, wurden zahlreiche Sorten der Ulmen gezüchtet. Sie sollten die hohen Grundwasserstände aushalten, das Salzspray von der See her, die Belastungen des Straßenverkehrs, das schwierige Stadtklima – und auch noch schön anzusehen sein. So entstanden Sorten wie die Huntingdon-Ulme und eben auch unsere Haager Ulme.

Die Häuser in der Schomburgstraße wurden 1955 auf Trümmergrundstücken gebaut. Da die Ulme einen Umfang von 3,60 m hat, ist zunächst vorstellbar, dass so ein stattliches Exemplar deutlich älter ist. Aber soll ausgerecht ein Baum den Bombenhagel auf Altona überstanden haben? Bei genauerem Hinsehen wird deutlich, die Ulme besteht aus zwei Stämmen. Und wenn man von den enormen Wuchsleistungen insbesondere der niederländischen Züchtungen weiß, wird wahrscheinlicher, dass der Baum tatsächlich erst 1955 gepflanzt wurde.

Seine imposante Gestalt, der markante Standort, die ausnehmend schöne Krone und die attraktive Herbstfärbung haben dieses Exemplar der Haager Ulme im Jahr 2007 zur „Ulme des Jahres" gemacht.

Die Haager Ulme hat einen recht günstigen Standort und konnte daher eine mächtige Krone ausbilden (Juli 2008)

14e „Dschillbäär" oder „Gilbert"?

Metrobus 3 Neuer Pferdemarkt, Bus 283 Paul-Roosen-Straße,
U 3 St. Pauli oder Feldstraße

Die meisten Menschen auf St. Pauli nennen die Gilbertstraße einfach Gilbertstraße, deutsch ausgesprochen. Dabei ist sie nach dem Hamburger Komponisten Max Winterfeld benannt, der mit Operetten im französischen Stil
bekannt wurde und sich daher den Künstlernamen Jean Gilbert zulegte. Also
müsste der Straßenname „Dschillbäär" ausgesprochen werden, mit Beto-
nung auf der zweiten Silbe. Als Jude wurde Max Winterfeld / Jean Gilbert von
den Nazis verfolgt und musste nach Argentinien auswandern, wo er 1942
starb. Von ihm stammt auch der bekannte Schlager „Püppchen, Du bist mein
Augenstern …".

   In dieser Straße, an der Ecke Gilbert- und Bleicherstraße steht ein besonders wohl geformter Baum: Der Stamm ist vollkommen gerade, die Krone hat
den Umriss eines Zuckerhuts. Es ist eine **Lobel-Ulme** (Ulmus ‚Lobel'). Und
wer war nun Matthias de L'Obel? Er stammte aus Frankreich und war Ende
des 16. / Anfang des 17. Jahrhunderts ein bekannter Botaniker. Nach ihm ist
der schöne Baum benannt.

Die Lobel-Ulme gehört zu einer
Gruppe von erfolgreichen Sorten,
die von Hans Heybroek in den Nie-
derlanden gezüchtet wurden und
eine hohe Widerstandskraft gegen
die Holländische Ulmenkrankheit
aufweisen. 1973 wurde sie auf den
Markt gebracht, und unser Exemplar in der Gilbertstraße dürfte aus
dieser Zeit stammen. Zu den Eltern
der Lobel-Ulme gehören einige europäische Ulmen, aber auch eine Art,
die in den südlichen Vorbergen des
Himalaja vorkommt. Die Gene der
asiatischen Ulmen sind wichtig für
die Resistenzkraft der neuen Züchtungen.

   Die Ulme fällt vor allem auf durch
ihren überaus gleichmäßigen, auf-

128

strebenden Kronenaufbau. Sie ist ein besonders schönes Beispiel für fast 100 Exemplare dieser Sorte in Hamburg. Im Bergedorfer Ortsteil Nettelnburg, genauer im Hackmackbogen, findet man eine fast reine Straßenbaumbepflanzung mit Lobel-Ulmen.

Doch zurück zum Ausgangspunkt: Schräg gegenüber, vor dem Haus Gilbertstraße 15, steht eine andere niederländische Züchtung, eine **Columella-Ulme** (Ulmus ‚Columella'). Weitere Ulmen der Sorten **Commelin** (Ulmus x hollándica ‚Commelin') und wiederum Lobel (Ulmus ‚Lobel') stehen in der Gilbertstraße, Am Brunnenhof und in der Paul-Roosen-Straße.

Für historisch Interessierte: Ganz in der Nähe finden sich im Pflaster der Bürgersteige vor den Häusern Brigittenstraße 5 und 6 Grenzsteine mit der Jahreszahl 1896. Sie markierten bis 1938 die Grenze zwischen Hamburg und Altona. Nähere Informationen gibt es im Torweg der Hausnummer 5, linke Wand.

14e

Ulmen

Gilbert

14f Eine dunkle Gestalt am Dammtor-Bahnhof

Metrobusse 4, 5, 109
S 11, 21, 31, R 70 Bahnhof Dammtor, U 1 Stephansplatz

Linke Seite:
Die wohlgeformte Lobel-Ulme mit „Zuckerhut"
an der Ecke Gilbert- und
Bleicherstraße (2009)

Wer von der U-Bahn-Station Stephansplatz zum Kongresszentrum geht und dabei den Weg durch Planten un Blomen hindurch wählt, kann zur Rechten einen mächtigen Baum sehen, der sich in etwa 2 m Höhe in zwei starke Stämme teilt. Im Winter wirkt dieser Baum massig und etwas grobschlächtig, im Sommer wirkt er durch sein sehr dunkles Laub düster und vielleicht sogar ein bisschen abweisend.

Wieder haben wir eine besondere Züchtung vor uns: Die **Exeter-Ulme** (Ulmus glábra ‚Exoniensis'; s. Bd. I, S. 41–42). Mit einem Stammumfang von 4,55 m, einem Kronendurchmesser von 18 m und einem geschätzten Alter von 150 bis 200 Jahren ist sie die zweitstärkste bekannte Ulme in Hamburg.

Die Exeter-Ulme wurde um 1840 in der Baumschule Ford gezüchtet, nahe der südwest-englischen Stadt Exeter. Wie alle Berg-Ulmen hat auch die Sorte ‚Exoniensis' Blätter mit einer sehr rauen, fast schmirgelpapierartigen Oberseite. Außerdem entstehen oft Blätter mit mehreren Spitzen – wie wir schon am Elbufer gelernt haben. Beide Eigenschaften hat auch die Exeter-

Ulme. Hinzu kommt aber, dass bei ihr die Blätter auffallend dunkelgrün sind, gleichzeitig stark in sich gedreht und recht grob gezähnt. So trägt das Blatt zu dem dunklen und grobschlächtigen Erscheinungsbild des Baums bei.

Dieses schöne Exemplar in Planten un Blomen bleibt als Zeuge einer alten Züchtungslinie, die im vorletzten Jahrhundert einigen Erfolg hatte.

14g Überreste einer alten Flusslandschaft?

Bus 227, 323, 427 Haltestelle Neuengammer Hausdeich 490

Bevor der Mensch kam, reichte die ungezügelte Flusslandschaft der Elbe vom Geestrand im Norden bis zu den Harburger Bergen im Süden. Das Gebiet war dicht bewaldet, unterbrochen nur von den zahllosen Haupt- und Nebenarmen des Flusses und von Kies- und Schotterbänken, die der sich immerfort verändernde Verlauf ständig neu schuf.

In dieser ursprünglichen Naturlandschaft wird jeder zweite Baum wohl eine Ulme gewesen sein. Dominiert haben, wie überall in den natürlichen Auen großer Flüsse des Tieflands, Feld- und Flatter-Ulme. Die **Flatter-Ulme** (Ulmus laévis) hat diesen etwas merkwürdigen Namen, weil ihre Blüten und ihre Früchte an langen Stielen hängen und deshalb leicht im Wind flattern.

Die alte Naturlandschaft der Elbe ist heute Hafengebiet, Siedlungsraum, intensiv genutzte Landwirtschaftsfläche, Autobahnkreuz oder Airbus-Fabrik. Der Fluss ist weitgehend verbaut und reguliert. Aber Reste der Naturlandschaft finden sich noch. Es gibt einzelne Naturschutzgebiete (auf das größte, das NSG „Heuckenlock", kommen wir noch zu sprechen) und außerhalb von Schutzgebieten ein paar Ecken mit Überbleibseln der einstmaligen Pracht. Eine solche Ecke ist das kleine Gebiet zwischen der Krapphofschleuse, dem Schleusendamm und der Dove-Elbe. Hier wachsen noch Hartholzauenwälder, die aus Eichen, Eschen und Ulmen bestehen. Immerhin handelt es sich um die Nachkommen der ursprünglich vor vielleicht 5000 Jahren hier vorhandenen Vegetation.

Erwähnt sei die schöne freistehende **Flatter-Ulme** an der Ecke Schleusendamm und Neuengammer Hausdeich.

14g

Ulmen

Flusslandschaft

Linke Seite:
Wer überragt wen?
Die Exeter-Ulme mit
dem Radisson-Hotel
im Hintergrund. Am
unteren Teil des Stam
mes sitzen zahlreiche
Maserknollen
(Januar 2010)

14h In letzter Minute gerettet?

Bus 149 Neuland, Betonwerk

Es ist Sonntag und Sie beschließen, mit Ihrer Familie an der Süderelbe einen Fahrradausflug zu machen. Dann sollten Sie es auf keinen Fall versäumen, in der „Inselklause" eine Pause ein-

Der Bestand der Huntingdon-Ulmen auf der Pionierinsel mit der „Inselklause" (Juni 2009)

zulegen. Die Gaststätte steht auf der Pionierinsel, das war früher tatsächlich eine Insel, heute ist sie durch eine schmale Zufahrtstraße mit dem Neuländer Hauptdeich verbunden (die Gaststätte ist dort ausgeschildert).

Hinter der „Inselklause" steht wie eine Kulisse ein grüner Schirm aus mächtigen Bäumen. Bis auf ein paar Randgehölze handelt es sich dabei ausschließlich um Ulmen, genauer um **Huntingdon-Ulmen** (Ulmus x hollándica ‚Végeta'). Die stärkste von ihnen steht rechts neben der Gaststätte und hat einen Stammumfang von über 3 m.

Die Huntingdon-Ulme war früher äußerst beliebt, vor allem wegen ihrer enormen Wuchsleistung. Wieder handelt es sich um einen Hybrid zwischen Feld- und Berg-Ulme, im Jahr 1746 gezüchtet von den Herren Wood und Ingram aus Huntingdon in England.

Der große Bestand auf der Pionierinsel hat eine recht dramatische Geschichte. So richtig entdeckt wurde er erst 2003 – und da waren einige der sehr großen Ulmen bereits mit der Holländischen Ulmenkrankheit infiziert.

In sehr enger Zusammenarbeit mit der Hamburger Strom- und Hafenbauverwaltung (heute: Hamburg Port Authority) gelang es in den Folgejahren, die Krankheit auf der Pionierinsel praktisch zum Stillstand zu bringen und den Bestand zu retten. Seit 2006 werden die Huntingdon-Ulmen im Auftrag der Hamburg Port Authority jährlich gegen die Holländische Ulmenkrankheit geimpft.

Wir lernen daraus, dass man stets wachsam sein muss und in seinem Bemühen, die Krankheit einzudämmen, nicht nachlassen darf. Dann gelingen solche Erfolge wie auf der Pionierinsel.

14i   Die dickste Ulme Hamburgs?

Bus 351 Heuckenlock

Diese prachtvolle **Flatter-Ulme** wurde schon im Bd. I geehrt (S. 177–178) und mit einem sehr schönen Winterbild bedacht. Mit einem Stammumfang von 6,60 m, einer Höhe von 31 m, einem Kronendurchmesser von 22 m und einem geschätzten Alter von 430 Jahren ist sie wahrscheinlich die dickste und älteste Ulme in der Hansestadt. Im Jahr 2006 war der Baum im Heuckenlock „Ulme des Jahres".

Flatter-Ulmen sind leicht erkennbar, wenn man sich mit ein paar Besonderheiten vertraut gemacht hat. Die Blätter sind unterseits fein und samtig behaart, die Blattnerven laufen parallel und sind normalerweise nicht gegabelt. Außerdem bildet die Flatter-Ulme Brettwurzeln aus, wie sie auch an tropischen Bäumen oft vorkommen. Flatter-Ulmen blühen im späten Winter, die Früchte erscheinen im Frühjahr, im Sommer sind sie schon vom Baum gefallen und verwest. Eine weitere Besonderheit ist, dass die Flatter-Ulme mit den anderen Ulmen nicht hybridisiert, man kann sie also nicht mit der Feld- oder Berg-Ulme kreuzen.

Eine weitere markante **Flatter-Ulme** steht übrigens vor dem Haus Hofweg 88/89.

14i

Ulmen

Heuckenlock

Unten links:
Das frische Grün – nicht nur an der wohl ältesten Flatter-Ulme Hamburgs – kündigt den Frühling im NSG „Heuckenlock" an (April 2009)

Unten rechts:
Die prächtige Flatter-Ulme vor dem Haus Hofweg 88/89 (Januar 2010)

14j Neue Horizonte im Stadtpark

U 3 Borgweg, Bus 179 Stadtpark / Planetarium

Im Sommer gleicht die Festwiese im Stadtpark einer Art friedlichem Heerlager. Hunderte von Menschen in farbenfroher Kleidung bevölkern die Fläche und der Rauch der Lagerfeuer steigt auf. Überall wird gegrillt. Kaum jemand wird bemerken, dass die Wiese vor wenigen Jahren neuen Baumschmuck bekommen hat. Die Garten-Denkmalspfleger des Hamburger Stadtbezirks Nord hatten herausgefunden, dass die Wiese einstmals von einer Doppelreihe Ulmen umgeben war. Diese fielen ab den zwanziger Jahren des vergangenen Jahrhunderts nach und nach der Holländischen Ulmenkrankheit zum Opfer. Nun wollte man den ursprünglichen Zustand möglichst originalgetreu wiederherstellen.

Es war schnell klar, wie wenig die alten, krankheitsanfälligen Sorten für ein solches Projekt geeignet waren. Schließlich wählten die Gartenleute die neue amerikanische Züchtung ‚**New Horizon**‘ (Ulmus ‚New Horizon‘) und eröffneten dem Stadtpark tatsächlich neue Horizonte.

Diese Sorte – einen deutschen Namen hat sie nicht – stammt aus der erfolgreichen Züchtungsreihe der Resista-Ulmen von Gene Smalley. Sie ist ein Hybrid der beiden asiatischen Arten Japanische und Sibirische Ulme (U. japó-

nica und U. púmila). Die Universität von Wisconsin hat sie 1994 auf den Markt gebracht. In Tests hat sie sich als besonders widerstandsfähig gegen die Holländische Ulmenkrankheit herausgestellt und Beobachtungen in der Praxis bestätigen das.

Im Winter 2005/2006 wurden insgesamt 131 Ulmen an den Rändern der Stadtparkwiese gepflanzt. Die ‚New Horizons' entwickeln sich sehr schön, die schmalen Kronen, mit denen sie aus der Baumschule kamen, haben sich in erstaunlich kurzer Zeit in eine rundere und vollere Form gewandelt – sie sehen schon wie richtige Bäume aus.

Neben den Hygiene-Maßnahmen und der Impfung ist die Pflanzung resistenter Ulmensorten ein ganz wichtiger Beitrag zur Eindämmung der Holländischen Ulmenkrankheit. Im Stadtpark wird vorgemacht, wie das funktioniert.

14j

Ulmen

Stadtpark

14k Wie lange wird sie noch leben?

Bus 9, 262 Holzmühlenstraße oder Eichtalstraße

Ein Baum, der leider immer wieder Sorgen bereitet, ist die große **Holländische Ulme** (Ulmus x hollándica) vor dem Haus Wandsbeker Zollstraße 149/151 (s. Bd. II, S. 210).

Mit 4,10 m Stammumfang und 16 m Kronendurchmesser ist sie die drittgrößte bekannte Ulme in Hamburg. Im Baumkataster wird das Pflanzjahr 1848 angegeben, ein Alter von etwas über 160 Jahren erscheint durchaus als realistisch (s. Foto S. 136).

Das Problem bei diesem Baum ist nicht die Holländische Ulmenkrankheit, sondern hauptsächlich der extrem ungünstige Standort. Wegen der Verkehrssicherheit wurde ein Stark-Ast abgesägt. Die daraus resultierende Astungswunde hatte Pilzbefall zur Folge, der langsam zu einer Vermorschung des Baums und letztlich zu seiner Instabilität führen wird.

Wir können froh sein über jedes Jahr, das die Ulme noch erlebt. Aber viele werden es wohl nicht mehr sein. Vor 160 Jahren war die Wandsbeker Zollstraße zwar auch schon eine geschäftige Ausfallstraße. Aber Autos und Asphalt gab es noch nicht und der Baum durfte so etwas wie eine unbeschwerte Jugend erleben. Eines Tages wird auch diese schöne alte Ulme zu den zahllosen Opfern unseres ungebremsten Mobilitätsdrangs zählen.

Linke Seite
Einige Jahre nach ihrer
Pflanzung haben die
New-Horizon-Ulmen
schon ansehnliche
Kronen ausgebildet
(Juni 2008)

Am nicht weit entfernten Neumarkt stehen im Übrigen einige schöne Ulmen, darunter auch Lobel-Ulmen und ‚New Horizons'.

14l Ist der Kampf verloren?

Bus 24, 275 Hellmesberger Weg (bis zur Meiendorfer Straße gehen und dieser stadteinwärts folgen)

Wer die Wandsbeker Zollstraße immer weiter stadtauswärts fährt, kommt irgendwann auf die Meiendorfer Straße, die als B 75 letztlich nach Lübeck führt. Kurz vor der Hamburger Stadtgrenze sind beiderseits der Straße jede Menge toter Bäume zu sehen. Alles Ulmen, alles Opfer der Holländischen Ulmenkrankheit.

Diese Krankheit hat nichts mit aktuellen Umweltproblemen zu tun, wie oftmals vermutet wird. Es handelt sich um eine Pilzerkrankung, die von Splintkäfern übertragen wird. Eine erste Epidemie begann um 1920 in Westeuropa (daher der Name Holländische Ulmenkrankheit) und tötete Hunderttausende von Bäumen. Die Welle kam irgendwann zum Erliegen. Eine zweite, noch heftigere Epidemie verwüstete ab ungefähr 1970 die verbliebenen Ulmenbestände in Europa.

Wahrscheinlich geht dieser Bestand ursprünglich auf Knicks und Bepflanzungen des Straßenrands zurück. Das muss allerdings sehr lange her sein, denn die Bäume machen eher den Eindruck von Wildwuchs – der möglicherweise nach einer früheren Epidemie der Holländischen Ulmenkrankheit entstanden ist. Jedenfalls sind die Bäume alle nicht besonders groß und alt geworden.

Im Jahr 2005 begannen ernsthafte Bemühungen, die Holländische Ulmenkrankheit an dieser Stelle einzudämmen. Ein Problem war die unterschiedliche Betroffenheit mehrerer Behörden und privater Eigentümer. Es gab kein Gesamtkonzept, wie die verschiedenen Interessen miteinander zu vereinbaren wären.

Von diesem Standort aus sind über das letzte Jahrzehnt mehrere Hunderttausend Splintkäfer ausgeflogen und haben damit für eine weite Verbreitung der Krankheit im Osten Hamburgs gesorgt. Wer sich aufmerksam in der näheren Umgebung umsieht, wird auch in Privatgärten immer wieder abgestorbene Ulmen feststellen. Eine Lösung des Problems ist nicht in Sicht.

14l

Ulmen

Wandsbeker Zollstraße

Links:
Im Frühjahr überzieht ein zarter grüner Hauch die Holländische Ulme in der Wandsbeker Zollstraße, s. S. 135 (April 2007)

15 Der Dendrologische Garten in HARBURG: Goldblasenbaum, Nikko-Ahorn, Higan-Kirsche

Buslinien ab Bahnhof Harburg bis Marmstorfer Weg (Nord) 144, 145, 245, 340 und 644

Mit dem Dendrologischen Garten ist ein Gebiet in Harburg gemeint, das den Blinden-, Apotheker- und Schulgarten sowie die Dahlienterrassen umfasst. Er liegt zwischen der Hohen Straße und dem Harburger Außenmühlenteich.

Hierzu gibt es einen offiziellen Plan „Baumstandorte im Dendrologischen Garten". Dort sind 88 Baum- und Großstraucharten mit deutschen und lateinischen Namen und den jeweiligen Standorten aufgeführt. Dieser Plan ist u. a. auf einer Tafel in der Nähe des unten beschriebenen Nikko-Ahorns zu finden. Er ist erhältlich beim Bauhofbüro am Betriebsplatz (Tel.: 040 / 703 85-76 92) und bei der Abteilung Stadtgrün, Bezirksamt, Herr F. Petersen, Tel.: 040 / 428 71-22 70).

Ich schlage Ihnen einen kleinen Rundgang im Nordteil des Dendrologischen Gartens vor. Für zusätzliche Informationen verweise ich Sie auf den erwähnten Plan. Die folgenden, hinter den Bäumen angegebenen Zahlen beziehen sich auf diesen Plan.

Wir betreten das Gelände neben dem Betriebsplatz, lassen das Gebäude rechts liegen, gehen gerade durch den Schulgarten in Richtung Dahlienterrassen, vorbei an den Nummern 2, 4, 5 auf dem Plan. Hinter einer mittelgroßen **Silber-Linde** (Nr. 86) biegen wir links ab. Rechter Hand wachsen sieben kleine **Weißdorn-Bäumchen,** unter denen sich das eine oder andere Exemplar des **Zweigriffligen Weißdorns** (Cratáegus laevigáta (POIR.) DC.) befindet.

Wir bleiben auf dem Weg und treffen an dessen Ende auf die Reste einer **Korkenzieher-Robinie** (Robínia pseudoacácia ‚tortuósa') (Nr. 85), vor der ein Findling liegt. Diese seltene Spielart einer gemeinen Robinie (Falsche Akazie) ist hier leider nur noch als Baumstumpf zu „bewundern", aus dem etliche bis zu 4 m hohe Austriebe sprießen. Immer-

hin zeigen sie plastisch den gedrehten „Korkenzieher-Effekt".

Drei Meter dahinter erhebt sich eine schlanke **Stechpalme** (Ilex aquifólium L.) (Nr. 13), die etliche Monate im Jahr mit ihren hübschen roten Beeren dekoriert ist.

Nun biegen wir wieder nach links im Winkel von 90 Grad ab in Richtung Eingang zum Blindengarten. Rechts des Weges steht eine **Parrotie** (Nr. 10), die eher einem starken Busch als einem Baum ähnelt. Wir wenden uns nach rechts, gehen durch den Blindengarten hindurch und betreten den Apothekergarten.

Hier fallen uns sofort zwei ungewöhnlich hohe und kräftige **Baumhasel** (Nr. 17) auf. Der erste Baum rechts neben dem Weg hat einen beachtlichen Stammumfang von 2,34 m. Das zweite Exemplar links des Weges bringt es immerhin auf 2,20 m. Beide Bäume zeichnen sich dadurch aus, dass sich ihre Hauptstämme in etliche Einzelstämme bzw. Stark-Äste aufteilen.

Am Ende des Apothekergartens wächst links am Weg eine kleine **Blumen-Esche** (Manna-Esche) (Nr. 23). Wenn Sie nun den Weg nach rechts einschlagen, werden Sie linker Hand einen kleinen **Goldblasenbaum** (Blasen-Esche) (Nr. 24) entdecken (s. 7a).

Wenige Meter weiter nehmen wir den ersten Weg nach links. Dort erwarten uns auf der rechten Seite, drei Meter vom Weg entfernt, die wohl interessantesten Bäume des Gartens. Es sind zwei Bäume des **Nikko-Ahorns** (Nr. 55), der in Hamburg nur sehr selten anzutreffen ist (s. 12b). Beide Exemplare teilen sich in mehrere Stämme. Ihre Blätter sind dreifach gefiedert. Die Früchte sind typische „Ahorn-Nasenkneifer" – allerdings recht- bis spitzwinklig zueinander stehend und stark nach innen gebogen.

Wir gehen auf den Hauptweg zum Ausgang des Apothekergartens zurück und folgen ihm geradeaus. Hinter einer Hecke rechts des Weges wächst eine 6 m hohe, vierstämmige **Higan-Kirsche** (Prúnus subhirtélla ‚Autumnális'), die im Plan als **Schnee-Kirsche** (Nr. 29) bezeichnet wird. Ihre Blüten sind halbgefüllt. Aber wie der Name „Autumnális" andeutet, beginnt dieser Baum häufig schon im Herbst zu blühen. Welch eine Überraschung war es, als ich mitten im November an einem Tag mit Schneefall plötzlich diesen blühenden Kirschbaum erblickte!

Wenn wir den Weg fortsetzen und den ersten Weg nach rechts einschlagen, können wir auf der kleinen Rasenfläche links zwei weitere interessante Baumarten kennen lernen: Da ist zunächst

15

Der Dendro-logische Garten

Blumen-Esche, Nikko-Ahorn

Linke Seite:
Die beiden stattlichen
Baumhasel
(November 2009)

Oben:
In einigen Jahren wird
die noch kleine Blumen-
Esche solche schönen
Blüten tragen wie dieses
Exemplar an der Haller-
straße/Ecke Rothenbaum-
chaussee (Mai 2008)

Rechts:
Direkt am Weg unterhalb
des Spielplatzes wächst
dieser buschige Nikko-
Ahorn (August 2008)

eine **Papier-Birke** (Bétula papyrífera MARSH.) (Nr. 57) zu nennen, die durch ihre blendend weiße Borke gekennzeichnet ist, die papierartig abblättert. Wegen der besonders hellen Borke wird sie auch **Amerikanische Weiß-Birke** genannt.

Der zweite, ebenfalls seltene Baum ist eine **Gemeine Hopfen-buche** (Óstrya carpinifólia SCOP.) (Nr. 32). Ihre Heimat erstreckt sich vom Mittelmeergebiet über Kleinasien bis Kaukasien. Ihre Blätter ähneln denen der Hain-Buche. Die Früchte sehen aus wie die der Hopfenpflanze.

An dieser Stelle beenden wir diesen „Schnupper-Rundgang". Wenn Sie hier weitere Baumarten entdecken möchten, könnten Sie den Plan in der Nähe des Nikko-Ahorns zu Rate ziehen. Natürlich lohnt sich durchaus auch ein Spaziergang hinunter zum Außenmühlenteich und in den sich daran anschließenden Stadtpark. Dort treffen Sie auf viele gängige und bei uns hei-mische Arten, wie z.B. sehr stattliche Rot-Buchen, Pappeln, Eichen und Weiden.

16   Bemerkenswerte Bäume im Bezirk HARBURG

16a

Harburg

Harburger
Rathausplatz

● *Ein Beitrag von Jürgen Senkpiel*

16a   Der Harburger Rathausplatz – ein „Arboretum"

S 3, S 31 Harburg-Rathaus

Der große Platz vor dem 1892 im Stil der flämischen Renaissance erbauten Harburger Rathaus und die im Süden daran angrenzende langgestreckte Fläche zwischen Harburger Rathausstraße und Knoopstraße bilden mit einem bemerkenswerten Baumbestand eine grüne Insel im Harburger Stadtzentrum.

Viele hohe, Schatten spendende Bäume, gepflegte Staudenrabatten, ein kleiner Teich, einige in die Anlagen eingefügte Skulpturen und zahlreiche lange Sitzbänke laden hier zum Verweilen und Ausruhen ein. Über 50 Bäume, die 19 verschiedenen Arten zugehören, stehen auf dem gesamten Areal. Einige davon, die wegen ihrer Art, Erscheinung und Größe besonders auffallen, wollen wir uns auf einem kleinen Rundgang ansehen.

Zwischen dem Rathaus und dem ihm im Baustil angeglichenen Bauamt steht auf einer Rasenfläche der vom Stammumfang (5,70 m) wohl mächtigste Baum Harburgs: eine etwa 140 Jahre alte **Pappel,** deren große Krone wegen ihrer Nähe zum Rathausgebäude besondere Sicherungsmaßnahmen und immer wieder auch Rückschnitte erforderte. Auf derselben Fläche erreicht ein **Silber-Ahorn,** 1914 gepflanzt, mit 3,50 m Umfang ebenfalls beachtliche Ausmaße.

Zwischen dem Bauamt und dem neuen Gebäude des Archäologischen Museums stehen nebeneinander eine mächtige **rotblühende Ross-Kastanie** (3,19 m Umfang; 1888 gepflanzt) und eine zur Familie der Eichengewächse gehörende **Edel-Kastanie** (Umfang 2,88 m), die 1903 – im Jahr der Fertigstellung des Bauamts – gepflanzt wurde. Außerdem gibt es noch mehrere große, weißblühende Ross-Kastanien auf dem Rathausplatz.

Herbst auf dem Rathausplatz: Ross-Kastanie, Edel-Kastanie, Blut-Buche, links hinten die große Pappel (November 2009)

Neben dem kleinen Teich treffen wir auf eine **Kaukasische Flügelnuss,** einen in Harburg seltenen Baum. Er wurde erst 1968 gepflanzt, hat aber bereits eine schöne breite Krone. Auffällig an diesem Baum sind die hängenden Blüten- und Fruchtstände, die ihm ein etwas exotisches Aussehen verleihen. Neben dem Gebäude der früheren Harburger Schwimmhalle (heute Pressehaus) macht eine prächtige **Blut-Buche** mit einem Umfang von 3 m und einem Kronendurchmesser von 24 m auf sich aufmerksam. Besonders schön sieht dieser Baum im Herbst aus, wenn sich sein Laub goldgelb verfärbt hat.

Auch weitere Blut-Buchen sowie mehrere **Berg-Ahornbäume** und **Sumpf-Eichen** an der Nordseite des Rathausplatzes fallen durch ihre goldgelbe bis rötliche Herbstfärbung auf.

16a

Harburg

Harburger Rathausplatz

Der über einhundert Jahre alte Weiße Maulbeerbaum vor der Gesamtschule Eißendorfer Straße 26 (April 2010)

Linke Seite: Die große Pappel vor dem Harburger Rathaus (November 2009)

Nicht nur die Bäume, sondern auch die Skulpturen auf diesem Platz sind es wert, näher betrachtet zu werden. Da sitzt z. B. vor dem Rathaus recht behäbig ein *Tuba-Bläser* (Künstler Arne Ranslet, 1982), unter den Ross-Kastanien beleben zwei *Faustkämpfer* (Bildhauer Eberhard Encke, 1913) die Anlage, und an der Knoopstraße erinnert uns der *Eisengießer* (Künstler Gerhard Janensch, 1918) an die industrielle Geschichte Harburgs. Daneben ist – vor einem vielstämmigen **Silber-Ahorn** – der „Herzog-Otto-Stein", ein beim Bau des S-Bahn-Tunnels ausgegrabener, 30 Tonnen schwerer Findling, ein Relikt der Eiszeit.

Vom Rathausplatz aus lohnt sich ein kleiner Abstecher zu zwei selteneren Baumarten in der Nähe. Vom „Herzog-Otto-Stein" ist es nicht weit bis zur Straßenecke Knoopstraße / Eißendorfer Straße, wo wir am 1988 errichteten Mahnmal für die ehemalige *Harburger Synagoge* vorbei und weiter bis zur Gesamtschule Harburg auf der rechten Seite (Haus-Nr. 26) gehen.

Im Vorgarten der Schule steht an der Ecke zur Kerschensteinerstraße ein großer Maulbeerbaum. Diese **Weiße Maulbeere** (s. Bd. I, S. 171) dürfte bald nach Errichtung des Schulgebäudes (1877 als Realgymnasium) gepflanzt worden sein. Der 1993 gemessene Stammumfang von 2 m ist mittlerweile auf 2,45 m angewachsen.

16b

Harburg

**Heimfeld/
Eißendorf
Alte Eichen**

Drei knorrige Stiel-Eichen stehen vor dem ältesten Fachwerkhaus Heimfelds, s. S. 147 (Januar 2010)

*Linke Seite:
Die mächtige Rot-Eiche (Umfang 4,75 m) am Kiefernberg 14, s. S. 148 (Mai 2009)*

Einige der sechs knorrigen, zum Teil von Efeu umwucherten Stämme ragen weit ins Straßenprofil hinein und bilden zusammen eine gewaltige Baumkrone. Die im Herbst vom Baum fallenden und auf dem Bürgersteig matschig werdenden Früchte bereiten manchen Passanten Verdruss.

Um die Ecke in der Kerschensteinerstraße treffen wir auf fünf **Ginkgo-Bäume,** die in Harburg noch nicht häufig als Straßenbäume vorkommen. Der Ginkgo gehört zu einer uralten Pflanzenfamilie und ist – wie der Maulbeerbaum – ursprünglich in China beheimatet. Er ist zweihäusig. Von diesen fünf Ginkgos sind zwei männlich und drei weiblich. Dieser Unterschied wird am besten im Herbst deutlich, wenn die weiblichen Bäume pflaumenartige Früchte tragen, die im reifen Zustand sehr unangenehm riechen.

16b

Harburg

Baum des Jahres
2010

*Ein Blick in die
gewaltige Rot-Buche der
Triftstraße: wahre
„Elefantenbein-
Stämme"! Siehe S. 149
(September 2009)*

16b/c Vom historischen Heimfeld ins alte Eißendorf: Spaziergang zu „Hundertjährigen"

S 3, (S 31) Heimfeld, Bus 142 Lohmannsweg

16b Alte Eichen an Heimfelder Straße und Kiefernberg

*Linke Seite:
Die hübsche Vogel-
Kirche in der
Parkanlage Ecke
Denicke-Straße und
Wilhelm-Busch-Weg,
s. S. 148
(April 2010)*

Heimfeld hat eine alte Geschichte als Vorwerk des Harburger Schlosses. Auf dem Grundstück dieses 1784 aufgegebenen Gutshofes steht heute als ältestes Gebäude in Heimfeld das nach Abzug französischer Besatzungstruppen 1815 erbaute niedersächsische Fachwerkhaus an der Ecke Heimfelder Straße/Milchgrund, in dem jetzt eine Apotheke untergebracht ist. Drei knorrige **Stiel-Eichen** stehen vor diesem Haus unmittelbar am

Straßenrand, nur Zentimeter vom lebhaften Verkehr auf der Straße entfernt. Gepflanzt etwa in der Zeit, als Heimfeld nach Harburg eingemeindet wurde (1888), haben diese drei alten Bäume viel von dem erlebt, was sich seither in diesem Stadtteil ereignet hat, und man sieht ihnen an, dass der Zahn der Zeit ihnen stark zugesetzt hat.

Wir gehen von der Kreuzung aus auf der linken Seite der Heimfelder Straße weiter. Vor dem Haus 45 können wir eine hohe **Atlas-Zeder** (Cédrus atlántica (ENDL.) MANETTI) bewundern. Sie ist älter als das Gebäude, und weil sie so nahe vor der Fassade steht, kann sie sich nur zur Straßenseite hin richtig ausbreiten. Wenige Meter weiter, vor dem Haus 45a, steht der wohl älteste Baum in dieser Straße, eine mächtige, dreistämmige **Stiel-Eiche**, gepflanzt um 1850, mit 4,36 m Umfang. In ihren Stämmen haben Spechte ihre Nisthöhlen gebaut, und Pilze haben sich unten am Stamm angesiedelt.

In der nächsten Querstraße Kiefernberg fällt uns schon von Weitem die mächtige **Rot-Eiche** vor dem Haus 14 auf. Beachtliche 4,75 m misst der Umfang ihres Stammes, der unmittelbar an der Grundstücksgrenze zur Straße steht. Weiträumig breitet die Eiche ihre Äste aus, und die Krone erstreckt sich mit einem Durchmesser von 28 m bis weit über die Straße. Gepflanzt wurde sie 1900 von Georg Hölscher, dem Begründer und Architekten des Harburger Stadtparks, der das damals bis zur Heimfelder Straße reichende Grundstück als Gärtnerei genutzt hat. Sein Enkel, Herr Einhart Hölscher, ist der heutige Grundstückseigentümer. Er kennt diesen Baum seit seiner frühen Jugend und ist sozusagen mit ihm groß geworden (Foto s. S. 144).

16c Der „Baum des Jahres 2010" und noch mehr „Hundertjährige" in Eißendorf

Vom Kiefernberg gehen wir in der Haakestraße bis zur Thörlstraße und in dieser zur Denickestraße hinunter, wo wir rechter Hand eine Parkanlage erblicken. Gleich vorne steht hier, nahe der Einmündung des Wilhelm-Busch-Weges, eine schön gewachsene **Vogel-Kirsche** (Prúnus ávium L.). Bevor sich deren Stamm in 1 m Höhe in viele einzelne Stämme aufteilt, misst ihr Umfang 3,84 m, und ihre Krone ist 15 m breit. Sie dürfte etwa um 1900 hier gepflanzt worden sein und ist ein bemerkenswerter Baum (Foto s. S. 144).

Die Vogel-Kirsche ist nämlich der „Baum des Jahres 2010". Im Frühjahr ist diese Wild-Kirschen-Art – sie ist übrigens die Mutter aller Süß-Kirschen – eine schneeweiße Blütenkönigin, im Herbst leuchtet sie in feurigen Blattfarben – ein besonderes Schmuckstück in dieser auch sonst reizvollen Parkanlage.

Durch den Park gehen wir zur Weusthoffstraße, weiter links bergauf, überqueren die Eißendorfer Straße und kommen talwärts in den alten Dorfkern von Eißendorf. Entlang der Straße fallen uns viele alte **Eichen** auf. Einzelne Bäume vor und auf den Grundstücken Weusthoffstraße 6 und 10 haben Stammumfänge von bis zu 4,20 m. Die ältesten von ihnen dürften um die Mitte des 19. Jahrhunderts gepflanzt worden sein.

16c

Harburg

Baum des Jahres 2010: Vogelkirsche

Im alten Dorfkern Eißendorfs finden wir noch einige Bauernhäuser, z.B. am Kirchenhang und in der Straße Göhlbachtal. Beachtenswert ist auch das Wohnwirtschaftsgebäude Große Straße 4 von 1902, dessen schön gegliederte Straßenfront nicht sogleich erkennen lässt, dass es zu einem Bauernhof gehört. Wir biegen von der Großen Straße nach 100 m ein in die Triftstraße. Nun erkennen wir deutlich, dass Eißendorf am Rand der Harburger Berge liegt, denn hier geht es wahrhaft steil bergauf!

Vor dem tief unterhalb des Straßenniveaus stehenden Haus 28 streckt eine gewaltige **Rot-Buche** ihre mächtigen Stämme in den Himmel. Sie soll um 1830 gepflanzt worden sein und dürfte mit einem Umfang von 4,30 m eine der größten Buchen Harburgs sein. Ihre ausladenden Kronenteile, die in die Nachbarbäume hineinragen, erforderten in den letzten Jahren wiederholt Sicherungsmaßnahmen durch Einbau von Gurtsystemen und Rückschnitt von großen Ästen (Foto s. S. 147).

Wenn wir die Triftstraße weiter bergauf gehen, erreichen wir an der Kreuzung Ehestorfer Weg eine Bushaltestelle.

16d/e Vom Rabenstein zur Elfenwiese: Zwei „Schönheitskonkurrenten" am Rande des Harburger Stadtparks

S 3, S 31 Harburg, Busse 145, 245 Rabenstein

16d Die schöne Sommer-Linde am Eißendorfer Grenzweg

Von der Haltestelle Rabenstein gehen wir nach rechts in den Eißendorfer Grenzweg. Nach hundert Metern fällt unser Blick links auf eine prächtige, einzeln auf einer kleinen Anhöhe stehende **Sommer-Linde**. Als wolle dieser stattliche Baum sich für einen Schönheitswettbewerb präsentieren, streckt er seine vier Hauptstämme hoch empor, breitet die Äste gleichmäßig aus und lässt sich von allen Seiten bewundern.

Ob im grünen Sommerkleid, im leuchtend gelben Herbstlaub oder mit schneebedeckten Ästen – zu allen Jahreszeiten bietet diese mit einem Stammumfang von 2,80 m und einem Kronendurchmesser von 18 m wohlproportionierte Linde trotz ihres Alters von etwa 120 Jahren einen herrlichen Anblick.

Wenn wir unsere „Schönheitskönigin" auf dem Lindenhügel genug bewundert haben, kehren wir zum Marmstorfer Weg zurück, überqueren ihn und betreten durch den Haupteingang den Harburger Stadtpark. Dieser Landschaftspark wurde unter Ausnutzung des hügeligen, bewaldeten Terrains am Außenmühlenteich von 1914 bis 1926 nach Plänen des Gartenarchitekten Georg Hölscher (1866–1932) angelegt.

An der rechten Seite der breiten Feuchtwiese kommen wir zu einem kleinen Teich und steigen dort in den Wald hinauf, der von mächtigen, hohen **Eichen** dominiert wird. Hier sind wir im ältesten Teil des Parks, wo in die weitgehend erhaltene Naturlandschaft einzelne gestalterische Elemente eingefügt wurden – beispielsweise ein von Hecken umkränztes Freilichttheater und eine tief unten in einem Tal fast versteckt liegende idyllische Narzissenwiese. Rechts von unserem Weg erstreckt sich der Vereinssportplatz Rabenstein. Wir kommen zu einem rechteckigen, von **Lindenreihen** gesäumten, offenen Rasenplatz, auf dem die Jugend gern Fußball spielt. An seiner Nordostecke steht ein 1935 von dem Bildhauer Ernst Küster gefertigtes Denkmal für den Stadtparkgründer Georg Hölscher.

Von dort führen zwei Wege bergab zum Uferweg am Außenmühlenteich und zu mehreren Teichen eines Vogelschutzgebiets. Wo der Uferweg auf einen asphaltierten Weg trifft, halten wir uns rechts und gehen auf einem breiten Wanderweg zwischen Feuchtwiesen und einem Kleingartengelände durch das vor 25 Jahren erschlossene Erweiterungsgebiet des Stadtparks weiter.

Die prächtige Sommer-Linde im Eißendorfer Grenzweg ist ein echter Blickfang (Mai 2009)

16e Ein Kletterbaum für Kinder, Kobolde und Elfen

Auf diesem Wege erreichen wir nach 400 Metern eine Weggabelung mit einem nach rechts abzweigenden, asphaltierten Weg – das ist die Verlängerung der Straße Elfenwiese. Hier steht links am Wegrand ein ganz ungewöhnlicher Baum, der in einem Schönheitswettbewerb der Bäume keinesfalls eine Chance hätte.

Es handelt sich um eine **Salweide,** die sich gleich oberhalb ihrer Wurzel in acht unterschiedlich starke Stämme verzweigt und diese kreuz und quer in alle Richtungen ausstreckt. Einzelne Stämme liegen auf dem sumpfigen Erdboden auf, haben dort gewurzelt und ihrerseits neue Bäume entstehen lassen. So bedeckt diese skurril gewachsene Weide ein Areal von mindestens 200 Quadratmetern. Lassen wir diesen seltsam verschrobenen Vertreter seiner Gattung doch einmal selbst zu Wort kommen:

Bin ich ein alter, krummer Baum? Vielleicht. Den Joggern und Radfahrern, die an mir vorbeihasten, scheine ich ziemlich gleichgültig zu sein. Aber die Mütter mit ihren Kindern bleiben bei mir stehen. Die Kinder sind meine Freunde, und ich bin ihr Freund. Auf sie übe ich eine starke Anziehungskraft aus. Sie klettern immer wieder mit Begeisterung auf meinen Stämmen und Ästen herum. Und ich verrate es Ihnen nur hinter vorgehaltenen Blättern: Ich bin ein Märchenbaum! Nachts, wenn hier kein Mensch mehr vorbeigeht, dann kommen aus den Sträuchern und aus dem Röhricht hinter mir die Nymphen und Kobolde hervor und setzen sich auf meine Äste, und auf dem Feld gegenüber tanzen die Elfen. Deshalb heißen die Straßen in meiner Umgebung doch Nymphenweg, Koboldweg und Elfenwiese.

Der alte Baum ist wirklich ein Unikum. Wir verabschieden uns von ihm und kommen auf dem bergauf führenden Asphaltweg „Elfenwiese" nach ungefähr 400 Metern zur kürzlich 50 Jahre alt gewordenen Marmstorfer Auferstehungskirche und zur Bushaltestelle.

*Kinder sind begeistert von
dem weit ausladenden
Labyrinth der Salweide –
für sie ein idealer Kletterbaum
(September 2009)*

16f Ein Baum trauert den Trauernden nach: Die Trauer-Buche in Wilstorf

S 3, S 31 Harburg, Busse 14, 143, 443 Winsener Straße Nord

An der Straßenecke Winsener Straße / Tivoliweg steht eine schöne, gleichmäßig gewachsene, ungefähr 90 Jahre alte **Platane,** und ein Stück weiter auf der linken Straßenseite fällt unser Blick auf eine einzelne knorrige **Stiel-Eiche.** Interessanter aber ist das große Grundstück auf der rechten Seite, wo in mehreren Gruppen zahlreiche mächtige **Eichen und Buchen** stehen.

Vor der Gaststätte „Wilstorfer Hof" zweigt eine Sackgasse ab. Sie folgt streckenweise einer früheren Dorfstraße und geht weiter

16e

Harburg

Kletterbaum

*Die herrliche Trauer-
Buche in Wilstorf bildet
einen romantischen
Tunneldurchgang
(September 2009)*

aufwärts in einen Fußweg über, auf dem im oberen Abschnitt der mächtige Stamm einer hohen **Trauer-Buche** „im Wege steht".

Aus einem umfangreichen Wurzelwerk emporwachsend, teilt sich ihr Stamm (3,60 m Umfang) in 5 m Höhe in zwei mächtige Einzelstämme, deren Äste und Zweige aus 20–25 m Höhe bogenförmig fast bis auf den Erdboden herabhängen und ein dichtes Blätterdach über diesen Verbindungsweg von der Winsener Straße zum Kapellenweg ausbreiten.

Bäume sind sichtbar gewordene Zeit. Dafür ist diese Trauer-Buche ein schönes Beispiel. Sie ist die letzte Zeugin des alten Wilstorfer Friedhofs, der bis 1954 an dieser Stelle lag. 1701 errichteten die Wilstorfer die erste Kapelle an der Südwestecke ihres Friedhofs. Französische Truppen brannten sie 1813 nieder, aber schon vier Jahre später war die Kapelle wieder aufgebaut. 1863 wurde sie grundlegend restauriert, und zu dieser Zeit dürften auch diese Trauer-Buche und die ihr benachbarte mächtige **Hohe Esche** gepflanzt worden sein. Nachdem die Kapelle 1944 durch Bomben stark beschädigt worden war, wurde sie drei Jahre später abgerissen. Der Friedhof wurde 1954 aufgegeben und das Gelände als Schulhof der benachbarten Schule angegliedert.

Ein beim Hamburger Staatsarchiv vorhandenes Foto zeigt alte Grabsteine am Fuß der Buche vor 1954. Einer dieser Steine ist an der Ostseite in ihren Stamm eingewachsen; doch nur, wer dies weiß, wird es in einer Spalte des Baumes noch erahnen können.

Welch ein origineller Trauer-Buchen-Stamm! (September 2009)

16g Der Buchenwald auf dem Rönneburger Burgberg

S 3, S 31 Harburg, Bus 141 An der Eiche

Wir gehen von der Bushaltestelle An der Eiche – wo an der
gegenüberliegenden Haltestelle eine breitkronige, ungefähr
150 Jahre alte **Stiel-Eiche** ins Auge fällt – an der Vogteistraße
etwa 200 Meter zurück bis zur Straße Am Burgberg. Das bucke-
lige Kopfsteinpflaster und das um 1600 erbaute Haus Nr. 26 –
das älteste im Stadtteil – sind Indizien dafür, dass wir uns hier
im alten Dorfkern von Rönneburg befinden. Vor uns erhebt sich
der deutlich aus seiner Umgebung emporragende 44 m hohe
Burgberg. Eine Burg(ruine) sucht man hier vergebens, aber die
Anhöhe ist als geschütztes Kulturdenkmal in geologischer, historischer und botanischer Hinsicht interessant. Sie ist ein Relikt
einer großen Endmoräne der letzten Eiszeit, auf der in spätsäch-
sischer Zeit (im 9. Jh.) eine Ringwallanlage bestand. Man nimmt
an, dass diese der Überwachung der nahen Elbniederung zur
Abwehr der Wikinger gedient hat.

Gleich vorn am Fuße des Burgbergs treffen wir zwischen den
beiden Treppen, die zur Anhöhe hinaufführen, auf ein mächtiges aus dem Boden herausragendes, zum Teil von Efeu umwu-
chertes Wurzelwerk, aus dem drei hochstämmige **Rot-Buchen**
emporwachsen.

Diese drei Buchen stehen, wenn man so will, am „Eingangs-
tor" zu einem herrlichen Buchenwald auf dem Burgberg. Besonders schön ist dieser Wald im Herbst, wenn die vielen Buchen
im goldgelben Laub leuchten. Über die Treppen steigen wir
nach links auf die Anhöhe hinauf. Oben lässt die Geländestruk-
tur noch erkennen, dass dort einst eine Befestigungsanlage mit
einem Rundwall gewesen ist.

Über eine flache Rampe am Nordabhang des Burgbergs gehen
wir zum Küstersweg hinunter. Der Gastwirt Eduard Küster
betrieb hier seit 1836 eine Gaststätte, die als Ausflugsziel am
Burgberg mit seinem Buchenwald schon bald so viel Zuspruch
hatte, dass zu Pfingsten 1847 sogar Sonderzüge zwischen Harburg und Rönneburg fuhren. Bis heute steht hier eine Gaststätte,
die – in Anlehnung an eine hübsche Parkanlage auf der anderen Seite der Vogteistraße – jetzt „Rönneburger Park" heißt. Dort

16f

Harburg

**Trauer-Buche
Wilstorf**

kann man sich wie damals erfrischen, ehe man zur Bushaltestelle an der Ecke Küstersweg und Vogteistraße zurückgeht.

16h Alte Eichen an der „Dörpstraat" in Fischbek

S 3, S 31 Neugraben, Busse 240, 251 Fischbeker Heuweg

Schmale, holprige, mit Feldsteinen gepflasterte Straßen, einzelne große Bauernhöfe und eine Vielzahl mächtiger und hoher **Stiel-Eichen** machen den Charme des alten Dorfzentrums von Fischbek, dem westlichsten Stadtteil im Bezirk Harburg, aus. Hier, entlang der Straßen Fischbeker Heuweg, Fischbeker Weg und Borchersweg, fühlt sich der Betrachter dieses malerischen Ortsbildes zurückversetzt in die bäuerliche Vergangenheit Fischbeks zwischen der Geest im Süden und dem Moor im Norden.

Die Feldsteinpflasterung des Fischbeker Weges, der von den älteren Bewohnern „Dörpstraat" genannt wird, ist schon über 100 Jahre alt, denn zwischen 1870 und 1890 wurden hier die alten Dorfstraßen auf diese Weise befestigt. Aus jener Zeit stammen auch noch viele der Fischbeker Eichen. Eine Gebietskarte des alten Fischbek von 1872 zeigt, dass fast alle Bauernhäuser innerhalb des historischen Siedlungskerns damals von Gehölzen umgeben waren, die von den Bewohnern zur Deckung ihres Holzbedarfs zum Bauen und Heizen angelegt worden waren.

Von der Bushaltestelle Fischbeker Heuweg aus machen wir einen Spaziergang rund um den alten Dorfkern. Am Fischbeker Weg säumen **12 hohe, alte Eichen** die nördliche Straßenseite vor der Corneliuskirche. Der älteste und zugleich mächtigste Baum – vor dem Kirchen-Grundstück – hat einen Stammumfang von 4,30 m; sein Alter wird auf 160 Jahre geschätzt. Der untere Teil seines Stammes ist hohl und durch Eisenverstrebungen gesichert. Zwei

Die alten Stiel-Eichen „an de Dörpstraat" in Fischbek (November 2009)

Linke Seite:
Das eindrucksvolle Wurzelwerk der drei hochstämmigen Rot-Buchen am Rönneburger Burgberg. Könnte der Rahmen schöner sein? (November 2009)

weitere hohe und mächtige Eichen sieht man im Fischbeker Weg vor dem Haus 26a und auf dem Grundstück 36. Alle diese Eichen stammen aus der Zeit zwischen 1850 und 1880. Neben der Kirche ist das Bachbett des aus der Heide kommenden Fischbachs, dem der Ort seinen Namen verdankt, zu erkennen.

Geht man von der Bushaltestelle Fischbeker Heuweg in die entgegengesetzte Richtung, kommt man am Ende der Straße Scharlbarg in die Fischbeker Heide, die mit 773 Hektar eines der größten Naturschutzgebiete Hamburgs ist. Dort führt ein ausgedehntes Wanderwegenetz durch ausgeprägt hügelige Heideflächen und Waldgebiete zu einem schon seit 1911 bestehenden Segelfluggelände und im südlichen Teil auf einem archäologischen Wanderpfad zu mehreren Hügelgräbern. Die Fischbeker Heide ist der einzige Ort in Hamburg, wo der Ziegenmelker (Nachtschwalbe) vorkommt – wenn auch nur noch in wenigen Exemplaren.

17 Zwei seltene Laubbaum-Arten mit „Z“: Zelkoven und Zürgelbäume

17a Zelkoven

Laubbäume mit „Z“ sind in Hamburg selten. Die große **Japanische Zelkove** im Alten Botanischen Garten stellte ich Ihnen bereits vor. Hinweisen möchte ich Sie noch auf die mittelgroßen Zelkoven als Straßenbäume in der Wandsbeker Eichtalstraße vor den Hausnummern 8, 9, 11 und 17.

17b Zürgelbäume

Auch **Zürgelbäume** (Céltis austrális L.) sind in Hamburg nur sporadisch anzutreffen. Erfreulicherweise wachsen in der Nähe des Michels etwa ein Dutzend Südliche Zürgelbäume als Straßenbäume, und zwar in der Passmannstraße vier, davon zwei mit einem Umfang von 1,15 m, in der Rehhoffstraße fünf und in Anberg zwei Exemplare.

17b

**Laubbaumarten
mit „Z"**

Zürgelbäume

*Blätter und die noch
unreifen Früchte des Zür-
gelbaums (Juni 2009)*

*Linke Seite:
Ein Zürgelbaum vor dem
Haus Rehhoffstraße 13
(Juni 2009)*

18   Dreimal Robinien (Falsche Akazien)

Die weitverbreitete **weißblühende** Robinie (Robínia pseudoacácia L.) ist Ihnen sicherlich ein Begriff. Weit weniger bekannt ist dieser Baum mit goldgelben Blättern. Es ist die Sorte **‚Frisia'**, die 1935 in einer holländischen Baumschule entstanden ist.

Wir finden 24 Exemplare als Straßenbäume z.B. in der Altonaer Amundsenstraße und mehrere Bäume in Wandsbek gegenüber der Sporthalle, Rüterstraße 75.

Noch spektakulärer ist die bei uns seltene **rosablühende** Robinie. Da diese Sorte stark windbruchgefährdet ist, sollte man sie möglichst in windgeschützte Ecken pflanzen.

18

**Dreimal
Robinien**

*Ein Blick in die rosa-
blühende Robinie (Mai
2009)*

*Eine einzelne rosablü-
hende Robinie umgeben
von weißblühenden.
Standort: In der Straße
„Am Neugrabener Bahn-
hof" beim S-Bahnhof
Neugraben (Mai 2009)*

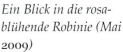

*Linke Seite:
Blick in die Amundsen-
straße. Dort wachsen 24
Exemplare der gelbblätt-
rigen Robinien-Sorte
‚Frisia'. Zum Vergleich:
Der dritte Baum links
mit den dunkelgrünen
Blättern ist eine „nor-
male" weißblühende
Robinie (Juni 2009)*

19 Echte Individualisten ...

19a Der älteste Berg-Ahorn Hamburgs im Hirschpark

Der gut zweihundert Jahre alte Berg-Ahorn mit einem Foto im Winter darf hier nicht fehlen. Es soll der meistfotografierte und zugleich der schönste Baum Hamburgs sein. Ausführlich hierzu: Bd. I, S. 149–151; Bd. II, S. 107/108.

19b Eine ganze Apfelplantage auf einem einzigen Baum

19

Echte Individualisten

Vor den Toren Hamburgs in Norderstedt gibt es zwei ganz besondere „Mini-Apfelplantagen". Der „Plantagenbesitzer" hat auf
zwei niedrigen Bäumen (Roter Gravensteiner und Roter Finken-
werder Herbstprinz als „Spindelbäume") mehr als einhundert (!)
verschiedene alte und neue Apfelsorten gezüchtet. Damit ist von
Ende Juli bis Anfang November eine kontinuierliche Ernte immer
frischer und knackiger Äpfel unterschiedlichster Geschmacks-
richtungen gewährleistet.

1985 begann Günter Ansorge, die ersten Apfelsorten auf die
Spindelbäume zu pfropfen. Spindelbäume treiben dicht über
der Erde die ersten Äste. Sehr wichtig ist es dann, die Äste so zu

Eine ganze Apfelplantage – 100 Apfelsorten! – auf einem einzigen Baum. Zweite Person rechts: Günter Ansorge (April 2009)

Auch wenn alle Blüten ähnlich aussehen, so sind sie doch von unter-schiedlichen Sorten: oben li.: Morgenduft; oben re.: Berlepsch; re. Mi.: Sommer-Kalville (rot); unten re. vor dem Stamm: Alkmene (April 2009)

*Linke Seite:
Der älteste und zugleich schönste Berg-Ahorn Hamburgs im winter-lichen Hirschpark (Januar 2009)*

beschneiden, dass alle Apfelsorten – auch die auf der Nordseite des Baumes – ausreichend Sonne bekommen.

Günter Ansorge erntet auch einige gängige Apfelsorten wie Elstar, Braeburn oder Boskoop, vor allem aber gilt seine Liebe den seltenen alten Apfelsorten mit so klangvollen Namen wie Minister von Hammerstein, Freiherr von Berlepsch, Geheimrat Dr. Oldenburg, Zabergäu-Reinette, Purpurroter Cousinot, Juwel aus Kirchwerder, Graf Waldersee, Alkmene, Morgenduft oder Beauty of Bath.

Günter Ansorge hat eine umfangreiche Dokumentation über seine Erfahrungen erstellt und ist gern bereit, Interessenten Auskünfte zu erteilen (G. Ansorge, Tel. 040/525 13 31).

19c Die Maiboomsche Liebesbuche

An der Eilenau 20/Ecke Lessingstraße wächst die „Maiboomsche Liebesbuche". Um diese hübsch gewachsene **Blut-Buche** rankt sich eine nette Legende, deren Einzelheiten Sie auf der am Zaun angebrachten Informationstafel nachlesen können. Dort könnten Sie auch Ihre persönlichen Liebeswünsche eintragen …

Mag diese Liebe auch zum großen Teil fiktiv sein und auf dem Roman aus der Zeit Napoleons „Die Tochter des französischen Gesandten" von Thomas Einfeldt fußen, so ist es doch eine liebenswerte Geschichte.

Die Blut-Buche hat einen Umfang von 3,48 m. Sie dürfte zwischen einhundert und einhundertdreißig Jahre alt sein. Ja, und ob das mit der Liebe klappt, könnten Sie ja selbst einmal herausfinden, indem Sie etwas auf die Tafel schreiben. Versuch macht klug!

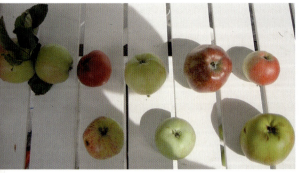

Reiche Ernte!
1. Reihe von li. nach re.:
Alkmene (mit Blättern); Roter Melba; Jamba;
Gravensteiner; Graf Waldersee.
2. Reihe von li. nach re.: Dithmarscher
Paradiesapfel; Morgenduft; James Grieve
(Herbst 2009)

Rechte Seite:
Eilenau 20/Ecke Lessingstraße:
die Maiboomsche Liebesbuche im frischen
Frühlingslaub (April 2009)

20

**Hamburger
Farbenpracht
im Herbst**

*Rot ist nicht
gleich rot …*

*Essigbaum, Standort:
Hallerstraße 4
(Oktober 2009)*

Oben:
Japanischer Zier-Ahorn, Planten
un Blomen (Oktober 2008)

Links:
Rot-Ahorn vor der Villa des Von-
Eicken-Parks (Oktober 2009)

Rechte Seite:
Rot-Eiche vor dem Grindelhochhaus
Brahmsallee 39 (Oktober 2009)

Gelb ist
nicht gleich gelb …

Links oben:
Schwarznuss im Alten
Botanischen Garten
(Oktober 2008)

Links:
Schnurbaum vor dem
Finnlandhaus, Espla-
nade 41 (Oktober 2008)

Rechte Seite:
Tulpenbaum (Lirio-
dendron) am Ende des
Riemenschneiderstiegs
(Oktober 2009)

Winter-Linde in der Rappstraße (Oktober 2009)

Rechte Seite:
Links: Ginkgo. Rechts: Chinesisches Rotholz („Urweltmammutbaum").
Standort: Hallerplatz 9 (November 2009)

„Ein 3-Farben-Baum"
Ein Hauch von „Indian Summer":
Spitz-Ahorn, Ecke Hallerstraße/Heinrich-Barth-Straße (Oktober 2008)

Nachfolgend ein Besuch bei „Liquidambars" (Amberbaum)
Rechts: Ein Amberbaum in voller Herbstpracht. Standort: Jungiusstraße, gegenüber
der Bucerius Law School (Oktober 2008)

*Herbstblätter vom Amberbaum. In der Mitte die
Früchte, die häufig noch bis zum Mai des kommenden
Jahres an den Bäumen hängen (Oktober 2008)*

21   Liebestolle Bäume:
Sie knutschen und knutschen …

21

**Liebestolle
Bäume**

*Die Eiche links umarmt
liebevoll eine Kiefer –
bis der Baumtod sie
scheidet. Standort:
Kösterbergstraße 46
(Juni 2009)*

*Zwei Rot-Buchen dringen ineinander ein – für immer.
Im Hintergrund ist das Blattwerk einer Farnblättrigen
Buche zu erkennen. Standort: St. Benedictstraße/Ecke
Nonnenstieg (Juli 2009)*

Rechte Seite:
*Hänge-Esche. Wegen fehlender Partnerin umarmt sie
sich voller Verzweiflung selbst, und zwar sehr stür-
misch! Standort: Holztwiete 12
(Juli 2009)*

21

**Liebestolle
Bäume**

*Beide Pappeln vereinigen
sich in ewiger Liebe –
Standort: an der Wandse,
einige Hundert Meter
vom Botanischen Son-
dergarten flussaufwärts
(April 2009)*

*Linke Seite:
Diese beiden Rot-Buchen
belassen es nicht bei
einem einzigen Baum-
körper-Kontakt. Dreifach
hält besser! Standort:
Rodenbeker Quellental in
der Nähe vom Restaurant
Quellenhof (April 2009)*

22 Überwallungen:
Bäume „verschlingen" Schilder, Zäune, Mauern

22

Überwallungen

Bäume „verschlin-gen" Schilder, Zäune, Mauern

„Auferstanden".
So nennt der Fotograf
*O. Willenbrock (*www.
baumwunder.de*)*
diesen gigantischen
Spitz-Ahorn.
Er ist der einzige
„Nicht-Hamburger"
dieses Kapitels.
Standort: Marien-
friedhof, Hannover
(Juni 2009)

22

Überwallungen

**Bäume „verschlin-
gen" Schilder,
Zäune, Mauern**

*Eiche „frisst" Zaun.
Standort: Schlagbaum-
twiete/Ecke Elbchaus-
see 220 (Juni 2009)*

*Linke Seite:
Diese Eiche hat den Zaun
bereits überwallt.
Gaaaaanz langsam
nähert sie sich den
Ziegelsteinen – Standort:
Behrkampsweg 38
(Lokstedt, Mai 2009)*

Linke Seite:
Eiche überwallt Steinmauer. Standort: Schwarzdornweg 9
(Wellingsbüttel, Juli 2009)

22

Überwallungen

Bäume „verschlin-gen" Schilder, Zäune, Mauern

Diese Eiche „lutscht" sich in den Zaun hinein. Standort:
Schlagbaumtwiete/Ecke Elbchaussee 220 (Juni 2009)

Hier „reitet" die Eiche auf der Mauer und wird sie langsam „verschlucken".
Standort: Holztwiete 22 (Juni 2009)

Rechte Seite unten:
So beginnt das langsame „Fressen" dieser Buche – Irgendwann wird der Zaun in ihr
verschwunden sein. Standort: Schlagbaumtwiete/Ecke Elbchaussee 220 (Juni 2009)

22

Überwallungen

Bäume „verschlingen" Schilder, Zäune, Mauern

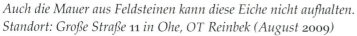

Auch die Mauer aus Feldsteinen kann diese Eiche nicht aufhalten.
Standort: Große Straße 11 in Ohe, OT Reinbek (August 2009)

Wie wird das wohl enden mit dieser bizarr
geformten „Mauer-Esche"? Standort:
Friedhof Bornkampsweg beim Verwaltungsgebäude
(Mai 2006)

22

Überwallungen

Bäume „verschlingen" Schilder, Zäune, Mauern

Eine Schwarz-Erle mit ständig wachsendem Appetit. Standort: Alsterwanderweg, auf halbem Weg zwischen Ratsmühlendamm und der U-Bahn-Brücke Klein Borstel (Juli 2009)

23 Insekten, die wir und die Bäume gar nicht lieben
Ross-Kastanien-Miniermotte, Wollige Napfschildlaus, Gespinstmotte, Ulmen-Splintkäfer

Ross-Kastanien-Miniermotte (Cameraria ohridella)

Diese unsympathische Motte kommt seit 2001 in Hamburg flächendeckend vor. Die befallenen Kastanien sind nicht vom Absterben bedroht. Aber sie verlieren ihre Blätter früher als gewöhnlich und sind anfälliger für Parasiten, Krankheiten und negative Umwelteinflüsse (lt. BSU – Behörde für Stadtentwicklung und Umwelt – Hamburg).

Einzelheiten über das entsprechende HAM-CAM-Projekt bei: www. cameraria.galk.de

Wollige Napfschildlaus (Pulvinaria regalis)

Diese nur wenige Millimeter große Laus übersät manche Stämme und Äste mit einem weißen „Pünktchen-Teppich". Sie saugt den Pflanzensaft aus. Seit 2001 befällt die Napfschildlaus in Hamburg verstärkt Ahorn, Linde, Ross-Kastanie. Sie wird durch den Wind verbreitet.

Die BSU untersucht zusammen mit der Universität Hamburg die Biologie dieses Schädlings. 2008 brach die Population plötzlich zusammen. Bei bereits geschwächten Bäumen kann der Befall mit Napfschildläusen zum Absterben von Ästen und in seltenen Fällen des ganzen Baumes führen (lt. BSU Hamburg).

Gespinstmotten (Yponomeutidae)

Es gibt viele verschiedene Arten von Gespinstmotten. Einige sind auf Obstbäume spezialisiert. Andere ziehen Sträucher vor. In jedem Fall sehen befallene Pflanzen sehr unappetitlich aus. Gelegentlich werden ganze Bäume von oben bis unten „eingesponnen". Wenn aus den Raupen die kleinen Motten geschlüpft sind, verschwindet dieser unappetitliche Schleier bald.

Ulmen-Splintkäfer (Scolytus)

Dieser Käfer ist ein ganz „Schlimmer", denn er ist verantwortlich für das millionenfache „Ulmensterben". Einzelheiten hierzu: Kapitel 14l von G. Mackenthun.

23

Insekten, die wir gar nicht lieben

Ein von der Wolligen Napfschildlaus befallener Baum

Unten:
Larven-Fraßbild der Ross-Kastanien-Miniermotte

23

**Insekten, die wir
gar nicht lieben**

*Ein ganzer Baum
ist von der Gespinst-
motte mit ihrem
Gespinst überzogen
worden (Juni 2006)*

*Fraßgänge des Ulmen-
Splintkäfers, der die
tödliche Holländische
Ulmenkrankheit über-
trägt*

*Linke Seite:
So sehen die „Näpfe" der
Wolligen Napfschildlaus
aus der Nähe aus*

*Unten:
Raupen der
Gespinstmotte
(Juni 2006)*

199

Literaturverzeichnis

Verwendete und weiterführende Literatur

Alt, F. & B.: Sonnenseite, www.sonnenseite.com

Botanischer Verein zu Hamburg: Alter Botanischer Garten in Planten un Blomen „Entdeckerstationen", Hamburg 2006

Fitschen, J.: Gehölzflora, 10. Auflage, Wiesbaden, 1994

Leggewie, Cl., Welzer, H.: Das Ende der Welt, wie wir sie kannten, Frankfurt/ Main 2009

Miegel, M.: Exit. Wohlstand ohne Wachstum, Berlin 2010

Pickett, K., Wilkinson, R.: Gleichheit ist Glück. Warum gerechte Gesellschaften für alle besser sind, Berlin 2010

Schmidt, P. A., Hecker, U.: Taschenlexikon der Gehölze, Wiebelsheim 2009

Schubert, I. A., Der Amsinck-Park in Lokstedt, Neuauflage, Hamburg 2005

Vieth, H.: Hamburger Bäume, Zeitzeugen der Stadtgeschichte, Hamburg 1995

Vieth, H.: Hamburger Bäume 2000, Geschichten von Bäumen und der Hansestadt, Hamburg 2000

Vieth, H.: Hier lebten sie miteinander … in Harvestehude-Rotherbaum, Jüdische Schicksale …, Hamburg 1994

Vieth, H.: Klimawandel mal anders. Was tun?, Hamburg 2007

Literatur zu Harburg

Altevogt, H., Butt, H., Heinrichs, Strüver. (Gemeinschaftsarbeit), Schützenverein Fischbek und Umgebung von 1903 e.V., Selbstverlag, Hamburg 2005

Buggenthin, I., Richter, K., Schmidt, I., Thieme, W.: Wilstorf, Schule – Kirche – Dorf, herausgegeben aus Anlass des 350-jährigen Jubiläums der Schule Kapellenweg und des 300-jährigen Jubiläums der Kapelle der Wilstorfer Kirchengemeinde, 2000

Harburg und Umgebung, Denkmaltopographie Bundesrepublik Deutschland, Hamburg-Inventar: Bezirk Harburg, Hamburg 1999

Holtz, A., Homann, H.: Die Straßennamen von Harburg nebst stadtgeschichtlichen Tabellen und einem Straßenplan, nach Unterlagen des Staatsarchivs Hamburg, Dienststelle Harburg, Lühmanndruck 1970

Schmidt, I.: Rönneburg – Sitz der Vogtei Höpen. Hamburg 1992

Schwarzkopf, W.: Heimfeld – vom Vorwerk zur Großstadtsiedlung, veröffentlicht von der neuspar (Bibliothek des Vereins für Hamburgische Geschichte), Harburg 1969

Über die Autoren

Harald Vieth, geb. 1937 in Hamburg, trat als 15-Jähriger in den Deutschen Jugendbund für Naturbeobachtung und in den Deutschen Bund für Vogelschutz (heute NABU) ein.

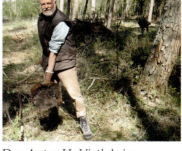

Wirtschaftsabitur, Ausbildung zum Außenhandelskaufmann, fünf Jahre Tätigkeit in Spanien, England, Frankreich, Lehrerstudium mit Schwergewicht Fremdsprachen, 25 Jahre Lehrtätigkeit. Zwischendurch lebte er zweieinhalb Jahre mit Ehefrau Cosima und Sohn Julian in Zimbabwe.

Veröffentlichungen: u. a. „Pamberi nechiShona" (Lehrbuch für die Bantusprache Schona), „Hier lebten sie miteinander" (Jüdische Schicksale). Zwei Bücher über

Der Autor H. Vieth beim Pflanzen von jungen Eichen und Buchen am Tag des Baumes, organisiert von der Schutzgemeinschaft Deutscher Wald (19.4.2009)

Hamburger und ein Band über Berliner / Potsdamer Bäume, „Klimawandel mal anders. Was tun?"

Wegen seines „Einsatzes für alte und bemerkenswerte Bäume" wurde der Autor 2003 vom damaligen Bundespräsidenten Rau zum traditionellen Neujahrsempfang nach Berlin eingeladen.

Gordon Mackenthun, geb. 1954 in Hamburg, studierte in Göttingen und Dresden Biologie. Von 1998 bis 2008 führte er das Hamburger Ulmenbüro. Er beriet und begleitete verschiedene Ulmenprojekte in Europa und Nordamerika. Heute lebt Dr. Mackenthun in Leipzig und arbeitet in der Sächsischen Umweltverwaltung.

Mitautor der „Enzyklopädie der Holzgewächse", der Website „Bedeutende Bäume und Sträucher – Champion Trees in Deutschland" (www.champion trees.de) sowie Herausgeber vom „Handbuch der Ulmengewächse" (www. ulmen-handbuch.de).

Jürgen Senkpiel, Jahrgang 1938, Abitur 1957, seit 2000 Beamter im Ruhestand nach 43 Jahren im hamburgischen Staatsdienst. Seit 1980 journalistische und redaktionelle Tätigkeiten: 10 Jahre in einem Kulturverein und seit 1993 in einer Harburger Kirchengemeinde. Besondere Interessengebiete: Fotografie, Reisen, hamburgische Geschichte.

Bildnachweis

Ballerstedt, Johann   S. 104 li., 162, 165 o. + u., 189
Berg, Janina 118 u. re.
Bertram, Barbara (BUND Stormarn) 191 o.
Brunk, Hans-Joachim 164
Dittmann, Heiner 22 u., 23 o.
Ibing, Isa 188
Kleimann, Ulrich 170 u.
Koch, Hans-Henning 21 o.
Lobin, Wolfram (Bonn) 22 o.
Mackenthun, Gordon Sämtliche Fotos Ulmen, Kap. 14, sowie S. 199
Porembski, Stefan (Rostock)   21 u.
Revett, Chris 196/197, 198 u.
Rump, Kai 105
Sandmann, Sigrid s. Zocher
Schulz, Manfred (Quickborn) 67 u.
Senkpiel, Jürgen Sämtliche Fotos Harburger Bäume, Kap. 16, und 163, o. + u.
Steidinger, Jürgen (Nicaragua) 23 u., 24 o.
Stern, Manfred über BSU 195 o., 198 o.
Vieth, Julian 57 o.
Willenbrock, Olaf 184/185
   (Postkarten und Fotodrucke von zahlreichen Baumverwachsungen können
   käuflich erworben werden unter www.baumwunder.de)
Zocher, Kathi (für Sandmann, Sigrid) 53
   (Die einzelnen Wörter des Transparents können käuflich erworben werden
   unter www.einwortwerk.de)

Alle anderen Fotos vom Autor Harald Vieth

Register

Personen-, Sach- und Baumregister

Register

Register

Danke

Dieses Buch wurde mit tatkräftiger Unterstützung des Botanischen Vereins zu Hamburg e. V. erstellt.

Als Autor und Verleger danke ich den beiden folgenden Sponsoren für ihre freundliche Unterstützung.

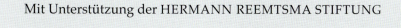

Mit Unterstützung der HERMANN REEMTSMA STIFTUNG

HERMANN REEMTSMA STIFTUNG

Mein Dank geht insbesondere an Frau Marlis Nahme vom Botanischen Verein zu Hamburg e.V., an die beiden Mit-Autoren, die Fotografen, an einige Mitarbeiter der BSU, des Bezirksamts Eimsbüttel sowie an die stets auskunftsbereiten Mitarbeiter der Abteilung Stadtgrün im Bezirksamt Harburg.

Da ich Ihnen recht unappetitliche Insekten-Fotos zugemutet habe, folgt als Ausgleich und zum Abschluss dieses hübsche Bild: Weithin gelblich leuchtender Berg-Ahorn. Gelegentlich finden sich für ihn auch die Namen Buntblättriger Ahorn oder Weißbunter Ahorn. Ich nenne ihn forsch „Gold-Ahorn". Es handelt sich um einen Acer pseudoplátanus leopóldii. Standort: Jersbeker Gutspark (April 2009)